高等院校应用型设计教育规划教材
PLANNED TEXTBOOKS ON APPLIED DESIGN EDUCATION FOR STUDENTS OF UNIVERSITIES & COLLEGES

媒体研究

MEDIA STUDIES

王文广 钱安明 吴晓山 徐菲 编著

合肥工业大学出版社
HEFEI UNIVERSITY OF TECHNOLOGY PRESS

图书在版编目数据
C I P ACCESS

图书在版编目（CIP）数据

媒体研究/王文广等编著.—合肥：合肥工业大学出版社，2010.12

高等院校应用型设计教育规划教材

ISBN 978-7-5650-0116-1

Ⅰ.媒… Ⅱ.王… Ⅲ.传播媒介-高等学校-教材 Ⅳ.G206.2

中国版本图书馆CIP数据核字（2009）第201491号

媒体研究
MEDIA STUDIES

媒体研究

编　　著	王文广　钱安明　吴晓山　徐菲
责任编辑	方立松　王　磊
封面设计	刘葶葶
内文设计	陶霏霏
技术编辑	程玉平
书　　名	高等院校应用型设计教育规划教材——媒体研究
出　　版	合肥工业大学出版社
地　　址	合肥市屯溪路193号
邮　　编	230009
网　　址	www.hfutpress.com.cn
发　　行	全国新华书店
印　　刷	安徽联众印刷有限公司
开　　本	889mm×1092mm　1/16
印　　张	7.5
字　　数	230千字
版　　次	2010年12月第1版
印　　次	2010年12月第1次印刷
标准书号	ISBN 978-7-5650-0116-1
定　　价	48.00元（含教学光盘1张）
发行部电话	0551-2903188

参编院校
EDITORIAL UNI.

参编院校 

排名不分先后

江南大学	南京艺术学院
苏州大学	南京师范大学
南京财经大学	南京林业大学
南京交通职业技术学院	徐州师范大学
常州工学院	常州纺织服装职业技术学院
太湖学院	盐城工学院
三江学院	江苏信息职业技术学院
无锡南洋职业技术学院	苏州科技学院
苏州工艺美术职业技术学院	苏州经贸职业技术学院
东华大学	上海科学技术职业学院
上海交通大学	上海金融学院
上海电机学院	武汉理工大学
华中科技大学	湖北美术学院
湖北大学	武汉工程大学
武汉工学院	江汉大学
湖北经济学院	重庆大学
四川师范大学	华南师范大学
青岛大学	青岛科技大学
青岛理工大学	山东商业职业学院
山东青年干部职业技术学院	山东工业职业技术学院
青岛酒店管理职业技术学院	湖南工业大学
湖南师范大学	湖南城市学院
吉首大学	湖南邵阳职业技术学院
河南大学	郑州轻工学院
河南工业大学	河南科技学院
河南财经学院	南阳学院
洛阳理工学院	安阳师范学院
西安工业大学	陕西科技大学
咸阳师范学院	宝鸡文理学院

参编院校

排名不分先后

渭南师范大学
首都师范大学
北京师范大学
浙江工业大学
浙江万里学院
丽水职业技术学院
江西农业大学
南昌航空航天大学
肇庆学院
肇庆科技职业技术学院
江西工业职业技术学院
景德镇高等专科学校
南昌师范高等专科学校
广州城市建设学院
罗定职业技术学院
合肥工业大学
安徽大学
安徽建筑工业学院
安徽工商职业学院
淮南师范学院
皖江学院
池州学院
铜陵学院
蚌埠学院
安徽商贸职业技术学院
滁州职业技术学院
桂林电子科技大学
云南艺术学院
韩国东西大学
北京服装学院
北京联合大学
中国计量学院
浙江财经学院
浙江纺织服装职业技术学院
江西财经大学
南昌工程学院
南昌理工学院
肇庆工商职业学院
江西现代职业技术学院
江西服装职业技术学院
江西民政学院
江西电力职业技术学院
番禺职业技术学院
广州市政高专
安徽工程科技学院
安徽师范大学
安徽农业大学
淮北煤炭师范学院
巢湖学院
新华学院
合肥师范学院
皖西学院
安徽艺术职业技术学院
安徽工贸职业技术学院
淮北职业技术学院
华侨大学
河北科技师范学院

总序

目前艺术设计类教材的出版十分兴盛，任何一门课程如《平面构成》、《招贴设计》、《装饰色彩》等，都可以找到十个、二十个以上的版本。然而，常见的情形是，许多教材虽然体例结构、目录秩序有所差异，但在内容上并无不同，只是排列组合略有区别，图例更是单调雷同。从写作文本的角度考察，大都分章分节，平铺直叙，结构不外乎该门类知识的历史、分类、特征、要素，再加上名作分析、材料与技法表现等等，最后象征性地附上思考题，再配上插图。编得经典而独特，且真正可供操作、可应用于教学实施的却少之又少。于是，所谓教材实际上只是一种讲义，学习者的学习方式只能是一般性地阅读，从根本上缺乏真实能力与设计实务的训练方法。这表明教材建设需要从根本上加以改变。

从课程实践的角度出发，一本教材的着重点应落实在一个“教”字上，注重“教”与“讲”之间的差别，让教师可教，学生可学，尤其是可以自学。它必须成为一个可供操作的文本、能够实施的纲要，它还必须具有教学参考用书的性质。

实际上不少称得上经典的教材其篇幅都不长，如康定斯基的《点线面》，伊顿的《造型与形式》，托马斯·史密特的《建筑形式的逻辑概念》等，并非长篇大论，在删除了几乎所有的关于“概念”、“分类”、“特征”的絮语之后，所剩下的就只是个人的深刻体验、个人的课题设计，于是它们就体现出真正意义上的精华所在。而不少名家名师并没有编写过什么教材，他们只是以自己的经验作为传授的内容，以自己的风格来建构规律。

大多数国外院校的课程并无这种中国式的教材，教师上课可以开出一大堆参考书，却不编印讲义。然而他们的特点是“淡化教材，突出课题”，教师的看家本领是每上一门课都设计出一系列具有原创性的课题。围绕解题的办法，进行启发式的点拨，分析名家名作的构成，一次次地否定或肯定学生的草图，无休止地讨论各种想法。外教设计的课题充满意趣以及形式生成的可能性，一经公布即能激活学生去进行尝试与探究的欲望，如同一种引起活跃思维的兴奋剂。

因此，备课不只是收集资料去编写讲义，重中之重是对课程进行有意义的课题设计，是对作业进行编排。于是，较为理想的教材的结构，可以以系列课题为主，其线索以作业编排为秩序。如包豪斯第一任基础课程的主持人伊顿在教材《设计与形态》中，避开了对一般知识的系统叙述，只是着重对他的课题与教学方法进行了阐释，如“明暗关系”、“色彩理论”、“材质和肌理的研究”、“形态的理论认识和实践”、“节奏”等。

每一个课题都具有丰富的文件，具有理论叙述与知识点介绍、资源与内容、主题与关键词、图示与案例分析、解题的方法与程序、媒介与技法表现等。课题与课题之间除了由浅入深、从简单到复杂的循序渐进，更应该将语法的演绎、手法的戏剧性、资源的趣味性及效果的多样性与超越预见性等方面作为侧重点。于是，一本教材就是一个题库。教师上课可以从中各取所需，进行多种取向的编排，进行不同类型的组合。学生除了完成规定的作业外，还可以阅读其他课题及解题方法，以补充个人的体验，完善知识结构。

从某种意义上讲，以系列课题作为教材的体例，使教材摆脱了单纯讲义的性质，从而具备了类似教程的色彩，具有可供实施的可操作性。这种体例着重于课程的实践性，课题中包括了“教学方法”的含义。它所体现的价值，就在于着重解决如何将知识转换为技能的质的变化，使教材的功能从“阅读”发展为一种“动作”，进而进行一种真正意义上的素质训练。

从这一角度而言，理想的写作方式，可以是几条线索同时发展，齐头并进，如术语解释呈现为点状样式，也可以编写出专门的词汇表；如名作解读似贯穿始终的线条状；如对名人名论的分析，对方法的论叙，对原理法则的叙述，就如同面的表达方式。这样学习者在阅读教材时，就如同看蒙太奇镜头一般，可以连续不断，可以跳跃，更可以自己剪辑组合，根据个人的问题或需要产生多种使用方式。

艺术设计教材的编写方法，可以从与其学科性质接近的建筑学教材中得到借鉴，许多教材为我们提供了示范文本与直接启迪。如顾大庆的教材《设计与视知觉》，对有关视觉思维与形式教育问题进行了探讨，在一种缜密的思辨和引证中，提供了一个具有可操作性的教学手册。如贾倍思在教材《型与现代主义》中以“形的构造”为基点，教学程序和由此产生创造性思维的关系是教材的重点，线索由互相关联的三部分同时组成，即理论、练习与构成原理。如瑞士苏黎世高等理工大学建筑学专业的教材，如同一本教学日志对作业的安排精确到了小时的层次。在具体叙述中，它以现代主义建筑的特征发展作为参照系，对革命性的空间构成作出了详尽的解读，其贡献在于对建筑设计过程的规律性研究及对形体作为设计手段的探索。又如陈志华教授写作于20世纪70年代末的那本著名的《外国建筑史19世纪以前》，已成为这一领域不可逾越的经典之作，我们很难想象在那个资料缺乏而又思想禁锢的时期，居然将一部外国建筑史写得如此炉火纯青，30年来外国建筑史资料大批出现，赴国外留学专攻的学者也不计其数，但人们似乎已无勇气再去试图接近它或进行重写。

我们可以认为，一部教材的编撰，基本上应具备诸如逻辑性、全面性、前瞻性、实验性等几个方面的要求。

逻辑性要求，包括教材内容的选择与编排具有叙述的合理性，条理清晰，秩序周密，大小概念之间的链接层次分明。虽然一些基本知识可以有多种不同的编排方法，然而不管哪种方法都应结构严谨、自成一体，都应生成一个独特的系统。最终使学习者能够建立起一种知识的网络关系，形成一种线性关系。

全面性要求，包括教材在进行相关理论阐释与知识介绍时，应体现全面性原则。固然，教材可以有教师的个人观点，但就内容而言应将各种见解与解读方式，包括自己不同意的观点，包括当时正确而后来被历史证明是错误或过时的理论，都进行尽可能真实的罗列，并同时应考虑到种种理论形成的文化背景与时代语境。

前瞻性要求，包括教材的内容、论析案例、课题作业等都应具有一定的超前性，传授知识领域的前沿发展，而不是过多表述过时与滞后的经验。学生通过阅读与练习，可以使知识产生迁延性，掌握学习的方法，获得可持续发展的动力。同时一部教材发行后往往要使用若干年，虽然可以修订，但基本结构与内容已基本形成。因此，应预见到在若干年以内保持一定的先进性。

实验性要求，包括教材应具有某种不规定性，既成的经验、原理、规则应是一个开放的系统，是一个发展的过程，很多课题并没有确定的唯一解，应给学习者提供多种可能性实验的路径或多元化结果的可能性。问题、知识、方法可以显示出趣味性、戏剧性，能够激发学习者的探求欲望。它留给学习者思考的线索、探索的空间、尝试的可能及方法。

由合肥工业大学出版社出版的《高等院校应用型设计教育规划教材》，即是在当下对教材编写、出版、发行与应用情况进行反思与总结而迈出的有力一步，它试图真正使教材成为教学之本，成为课程的本体的主导部分，从而在教材编写的新的起点上去推动艺术教育事业的发展。

邬烈炎

南京艺术学院设计学院院长 教授

目录

前言

被媒体包围

当今时代不是静止的信息时代，是信息多途径传播、迅速更新的时代。理解媒体不再是一句新鲜的口号，更是我们需身体力行、用心把握的新时代任务。“前电脑时代”，我们需要的是认真地读取记录在物质媒体上的信息；电脑时代，我们努力适应显示在荧光屏上的数字化信息；如今正在发展中的“无线网络时代”迫使我们在“移动中”动态地把握信息。

今天的我们太忙了，忙得没有时间思考，似乎永远也停不下匆匆的脚步。或许我们可以不读报纸不看杂志，可我们不能不看书。这里的书指的是印刷出来的“纸书”而不是EBOOK。“数字化时代的先锋”尼古拉斯·尼葛洛庞帝(Nicholas Negroponte)在向世人推介他的《数字化生存》时用的不是“比特”而是“原子”，即用印刷品物化了他的惊世骇俗的思想和非凡远见。

学习型社会里的我们，无论师、生，还是“新”、“老”毕业生，都需要不断地学习。“与时俱进”不是媒体流行词，它和“创新”一样是我们个人词典中永远的座右铭和行动坐标。

人，生来是无知的，学习前人让我们成为了“有知识”的人。

能够完成本书，我们首先要向那些未曾谋面却已经在媒体研究领域辛勤耕耘并为我们的写作做了开山之功的学者。东华大学林峰老师的《电脑艺术学》课程、李俊主任的《多媒体技术》课程为我们理解新媒体打开了一扇窗、一扇门。北京国际关系学院董璐博士的新作《传播学核心理论与概念》（北京大学出版社，2008）更让我们在摸索过程中多了一本翔实而系统的参考书和百科辞典。对于原著者的辛劳，我们永远在内心保持一份诚挚的谢意。

当然，我们更要真真切切地感谢我们的导师：东华大学艺术设计学院徐亚非副院长，苏州工艺美术职业技术学院廖军校长，苏州大学艺术学院诸葛铠教授、华人德教授……恕我们不能一一列出更多帮助过我们的老师，以及所有提供资料的同窗好友的名字。最后，我们还要感谢我们所研究的媒体，没有媒体传播，再多的信息也会因为我们没有看见而几乎等于不存在。

王文广（扬州大学硕士、苏州大学硕士、苏州大学博士生，盐城工学院讲师）

钱安明（合肥工业大学硕士、东华大学研究生、苏州大学博士生，安徽农业大学讲师）

吴晓山（北京师范大学珠海分校国际传媒设计学院副教授）

徐 菲（东华大学硕士、教师）

People-centric public media

"The customer is the new platform"–Doc Searls

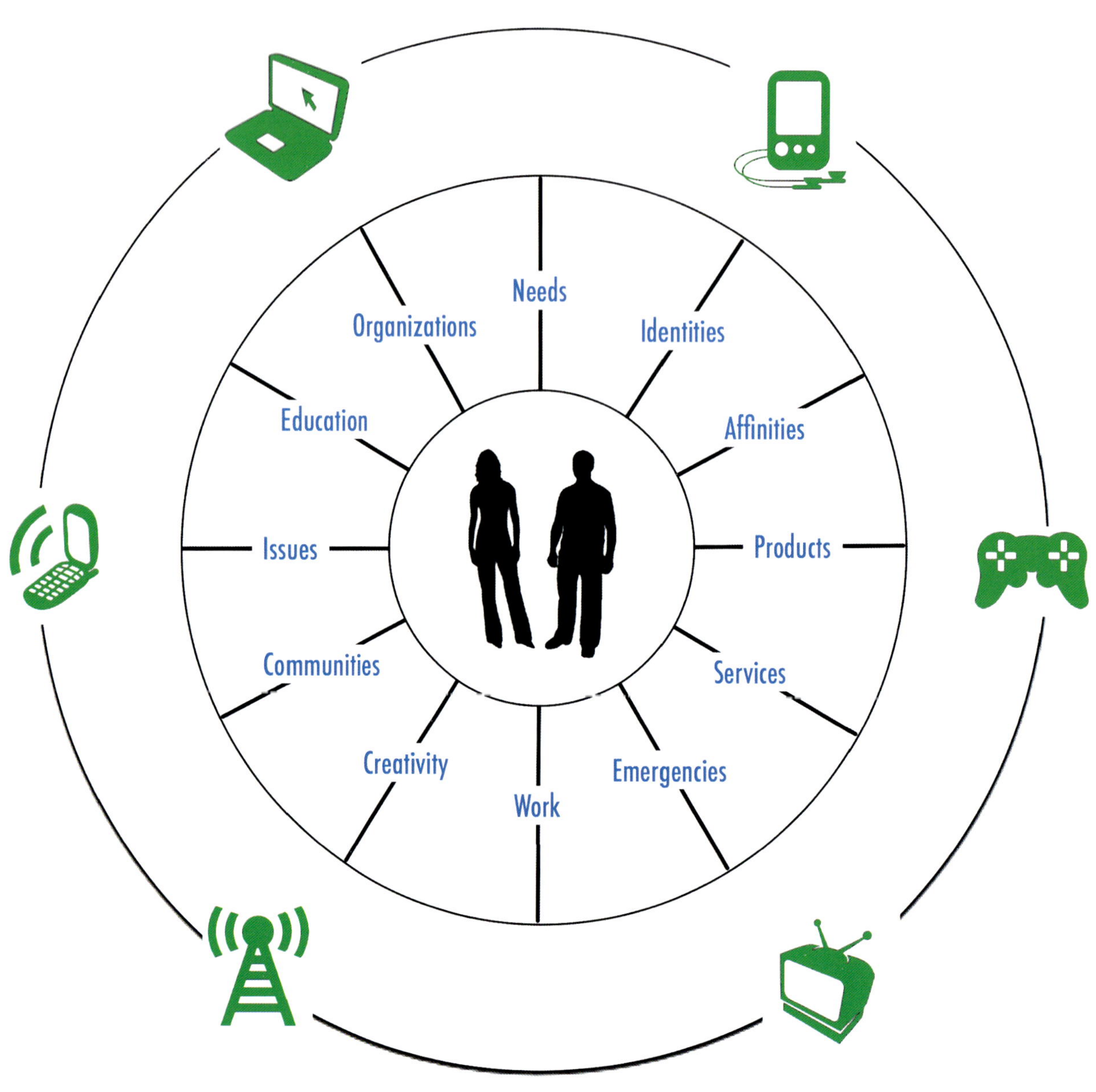

第一章　媒体总论

学习目标：

通过本章的学习，了解媒体学科的基本术语并初步掌握研究的一般方法。理解媒体研究的基本内容，了解学科的发展动态。

学习重点：

掌握媒体研究的基本理论与方法。

学习难点：

在中国传媒大环境中把握媒体的多义性、变化性与交融性。

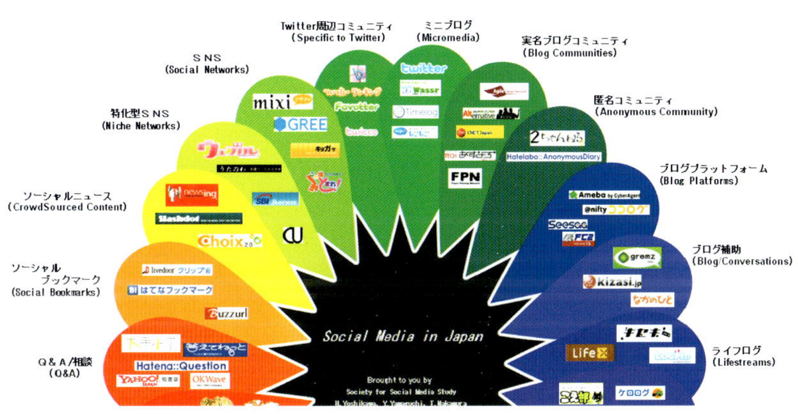

媒介？媒体？

媒体与媒介是同义词还是不可互换的具有特定意义的学术词汇？

有学者认为，媒介是传播过程的中介物，媒体是发出信息与接收信息的主体。媒介和媒体是根本不同的两个概念。然而中文词汇最大的特点就是多义，国人的习惯也是媒介媒体不分。

本书探讨的主要内容是上述狭义的“媒介”，但从大众习惯角度考量，论述中还是用“媒体”代替“媒介”。正如MP3既代表一种音乐格式，也代表一种格式的音乐，还代表一种格式的音乐播放器。虽然指代对象复杂，但在日常生活中谁也不会弄错。

第一节　媒体传播类型

媒体传播类型在整个媒体演变中经历了一个随时代而变化，生动地反映和对应着时代特征的发展过程。若要研究媒体传播类型，首先对传播过程要有清晰的认识。

进入现代文明时代后，美国传播学的直线模式研究代表人物哈罗德·拉斯韦尔（Harold Lasswell，1902—1977）提出了著名的“5W”过程模式，也就是传播过程由传播者、传播内容、传播渠道、受传者和传播效果5个要素和环节组成。即：Who（谁）、Say what（说了什么）、In which channel（通过什么渠道）、To whom（向谁说）、With what effect（有什么效果）。在后来传播学理论的发展过程中，克劳德·香农（Claude Elwood Shannon，1916—2001）和韦弗提出了电子信号传输过程的直线模式，即香农—韦弗模式；传播学家威尔伯·施拉姆（WilburLang Schramm，1907—1987）和奥斯古德提出了社会传播过程的奥斯古德—施拉姆循环模式，进一步丰富和拓展了传播过程研究的深度和广度。

根据传播参与主体的人数多寡，可分为如下几种基本的人类传播行为类型。

一、个体传播

个体的存在是传播主体存在的基础，传播活动无论是单线传播还是复杂的双向、多向传播，个体始终是传播链条中最核心的因素。发生在人际间的传播活动研究，无论采用什么理论，都必须归结到个体与个体间的信息传播作用的形成原因。而且，这种形式下的传播活动，必须是以个体的存在发展以及对事物的感知和审美来维系的，是以个体性审美需要特征为基础的。

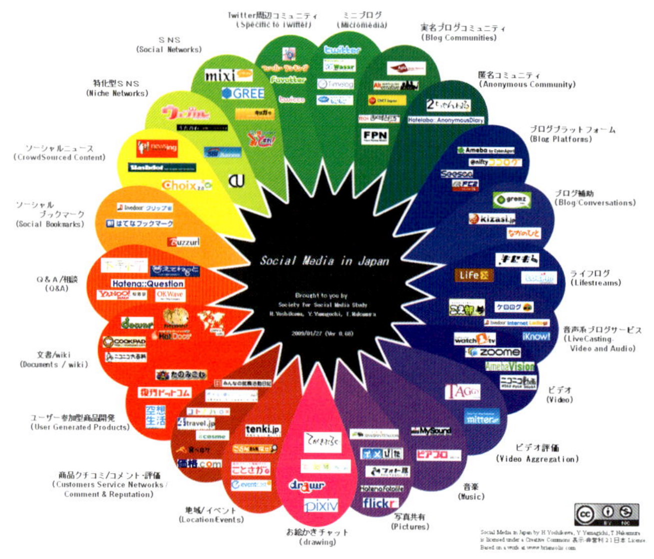

图 1-1

个体传播（Self – Communication）虽然最简单但却是传播历史最长的一种方式。个体传播主要指的是个人的内向传播，即个人对外界信息的处理过程，属个人的内向心智活动，是人类一切传播行为的基础。

个体的传播活动，包括传与受两个方面。个体的传与受，都以个体的感受和需求为基础。这种感受与需求，是建立在个体作为完整的、有意识的生命形式上而出现的。按照心理学的一般理论，个体完整的机体是进行最一般心理活动的基础，其感觉、知觉以及对事物表象的认识，其生理心理活动的需要，是个体作为生命存在的自觉性活动。而这种自觉性，又是个体存在的合理性，同时也仅仅是个体存在的合理性。因为个体存在的矛盾共性紧紧制约着单个的个体存在。首先，个体的感知相对于感知对象的复杂性、相对于其他个体感知的多样性就说明了它的不完整性；其次，个体的需求在其价值取向上，又与其他个体的需求取向存在着差别、对立、冲突与矛盾。而这一切是建立在个体能否科学地进行个体需求选择以及自然界进化的抉择的基础之上的。

个体作为主体的传播局限，是由很多因素造成的。个体传播的相对局限性体现在：

其一，个体生命存在的时空有限性。作为主体存在的个体生命形式，在其多维存在表现中，时空存在的有限性是显而易见的。以个体自然生命的出现开始，以其自然生命的结束而终止。虽然这个个体的精神意义仍然会以特殊的方式延续，但是，个体精神及审美意义（即其个体的文化思想及科技创造等）的延续要受到特定的族群主体需要及特定的时空条件限制。

其二，个体认知及其情、意、信、行等因素在受到个体自然生命形式的限制的同时，也同样受到特定政治、经济、文化、历史条件的制约。虽然其审美文本意义仍将会不时闪现，但总的来说，是要受到特定社会主体需要的共同认可才会被解读的。

其三，在共存的时空背景中，个体传播的局限性在于个体本身的世界观、人生观、价值观、审美观。我们既不能忽视个体作为自然生命存在的合理性，即其生存需要及其价值取向的代表性，也不能无限夸大个体存在所具有的一般性。因为，在人的传播的大背景中，是需要共通意义空间作基础的，传播研究表明，大量的传播障碍与传播隔阂现象始终存在于传播过程中。在很多的现实传播活动中，人与人之间的沟通并不是始终都成功的。

实际上，对于传播过程而言，传播者在发出信息后，会从接受者那里获得反馈信息，来调整自己下一步的传播行为，以取得最佳的传播效果。受传者表面上是被动的，但他处理接受的信息时，会表现出选择的主动意向，并同时以各种方式向传播者发出反馈信息。因此，传播者和受传者的位置总是处于互易的过程中。传播行为在数量、质量、速度、范围和效果上是互相渗透、互相补充的纵横交错的系统网络。

图 1-2 网络已成为生活的一部分

图 1-3 电脑打字逐步代替手写

图 1-4

图 1-5 数据交换中心

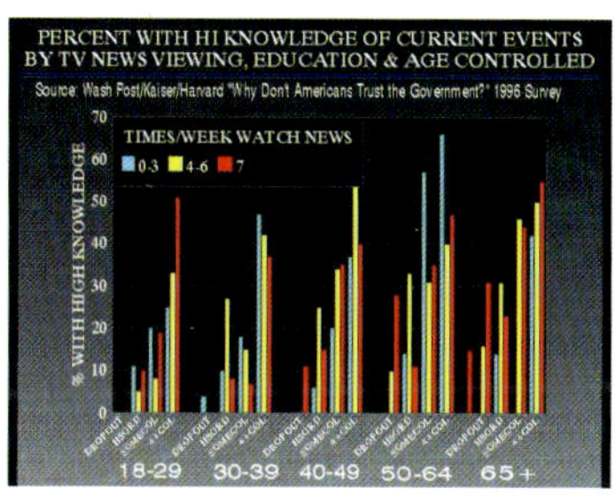

图 1-6

图 1-7

二、人际传播

人是一种社会性的动物，任何人的生存都离不开和他人之间的交往。在人类交往活动中，人们相互之间传递和交换着知识、意见、情感、愿望、观念等信息，从而产生了人与人之间的互相认知、互相吸引、互相作用的社会关系网络。我们将此称为人际传播（Personal Communication），人际传播理论着重研究如何通过分享信息来建立、维系和发展人际间的联系。

基于人际传播媒体形式的差异，我们还可以进一步把人际传播划分为直接传播和间接传播两种形式。所谓直接传播，指的是古来已有的传播者和受体之间无需经过传播媒体而面对面地直接进行信息交流的过程。直接传播主要是通过口头语言、类语言、体态的传递进行的信息交流。间接传播是指在现代社会里的各种传播媒体出现后，人际传播不再受到距离的限制，可以通过这些传播媒体进行远距离交流。这就大大拓展了人际传播的范围。

人际传播具有明显的社会性特征。个人独白或自言自语等仅仅为了满足自己的需要而发出的语言，不会构成人际传播。人际传播的语言是具有社会性的语言。每个人都是信息的发出者，同时又是信息的接收者，即在影响别人的同时，也受到他人的影响。

1. 人际传播网络类型

人际传播的网络是相互交流信息的人们之间所形成的某种交往状态的模式。在社会错综复杂的交往关系中，一个人可以定位于多种人际传播网络的模式中。国外学者为了测定不同的传播模式对于解决问题的影响，进行了一个在人群中设定4种人际传播网络的实验，即环型网络、链型网络、Y型网络、轮型网络。

这4种网络对于解决问题具有不同的效应。在环形网络中，群体成员的地位是平等的，有利于调动大家的积极性，适合于解决复杂的问题，但效率不高。在其他3种网络中，群体成员之间显然是不平等的，其缺点是不利于发挥和调动全体成员的积极性，优点则在于传播速度快，解决简单问题的效率高。

2. 人际传播的功能

在人际传播活动中，人际传播具有传递信息、扩展信息、改善形象的功能。有人把人际传播功能归结为三个方面，即信息沟通、思想沟通和情感沟通。具体来说，我们可以把人际传播的功能大体上概括为如下几方面：

（1）人际传播能够有效地把信息传递给受体。由于人际传播是通过人际关系的运转进行传播的，传播者处于主动地位，有目的地、有针对性地进行信息传递，因而比较容易以情感打动对方，使接收者易于认同，其传播效果要优于其他传播方式。

（2）人际传播能以较快的速度获得反馈信息，促进传播活动的改善。由于人际传播无需经过传播媒体的中介作用，通过人际关系的直接交往，动之以情，晓之以理，即能迅速收到反馈信息，重新调整传播战略和方法。

（3）人际传播更易于沟通上下层级之间的情感，弥合裂痕，建立起相互信任与合作的关系。在人际传播中，我们可以运用情、理、义并重的攻心原则和方法，配合一定的说服艺术，有针对性地解决对方的思想顾虑，扭转以往形成的某些成见，把话语权力者的形象真正树立起来。

3. 人际传播的特点

人际传播是通过某种人际关系运转起来的传播方式，同大众传播相比较，它具有自己的特点。

（1）感官参与度高。在直接性的人际传播活动中，由于是面对面交往，人体全部感觉器官都可能参与进来，接收信息和传递信息。即使是间接性的人际传播活动，人体器官参与度也相对较高。

（2）信息反馈的量大和速度快。在面对面的信息传播中，我们可以迅速获悉对方的信息反馈，随时修正传播的偏差。传播对象也会为你的情感所打动，主动提供反馈意见。如果有了传播媒体的中介作用，信息反馈的数量和速度都将受到限制，因为媒体存在可能会使传播对象不愿参与反馈意见。

（3）信息传播的符号系统多。人际传播可以使用语言和大量的非语言符号，如表情、姿势、语气、语调等等。人际传播中许多信息都是通过非语言符号获得的，而大众传播所使用的非语言符号相对较少。

三、团体传播

团体指的是由共同的利益、观念、目标、关心等因素相互联结，存在着相互影响作用关系的个人的社会集合体。团体传播（Group Communication）就是三人以上的人群内部或之间进行的信息交流，如小组讨论、团体会议等。由于群体动力或群体压力，团体传播既可以为各成员接受某种信息、观念或立场形成某种动力，也能为其制造某种障碍。

团体传播主要是指群体内部或外部的信息传播活动。群体传播在形成群体意识和群体结构方面起着重要的作用，而这种意识和结构一旦形成，又反过来成为群体活动的框架，对个人的态度和行为产生制约，以保障群体的共同性。因此，群体传播是群体生存和发展的一条基本的生命线。团体传播理论着重研究群体内部或之间的信息交流在改变或增强成员固有观念、立场方面的机制和作用。

团体传播的特点是：

信息传播在小群体成员之间进行，是一种双向性的直接传播。

群体传播在群体意识的形成中起重要作用。群体意识越强，群体的凝聚力就越强，越有利于群体目标的实现。

在群体交流中形成的一致性意见会产生一种群体倾向，这种群体压力能够改变群体中个别人的不同意见，从而产生从众行为。

群体中的舆论领袖（opinion leader）对人们的认知和行为改变具有引导作用，往往是开展健康传播的切入点。

图 1-8

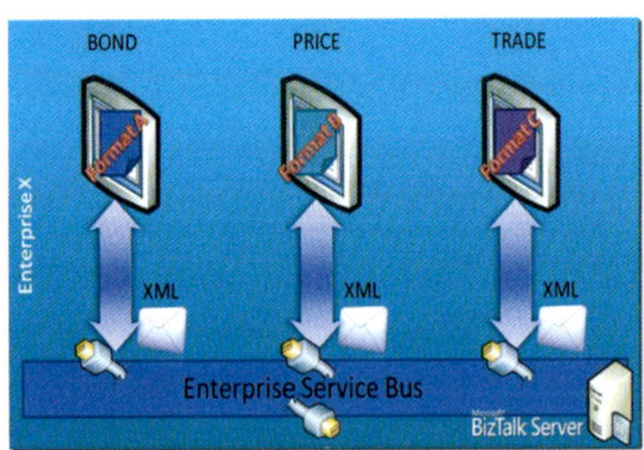

图 1-9

四、组织传播

组织传播（Organizational Communication）就是组织成员之间、组织内部机构之间的信息交流和沟通。具体地说，组织传播是由各种相互依赖的关系结成的网络，为应付外部环境的不确定性而创造和交流信息的过程。它的根本任务是清除或减少组织及组织成员对自身环境的不确定性，沟通组织内部的联系。在社会正式的组织内，信息传播是沿着由上而下的金字塔型网络传递的，信息的反馈也是逐级汇报的。这种网络有利于加强领导和统一行动，但也往往会导致专断独行，造成信息失真。

组织传播着重研究现代社会里，组织、机构开展内外信息交流的特点、性质、模式、手段等，从而改善内部的管理机制，改进外部的社会关系环境。由此形成了一门现代新兴管理科学，即公共关系学。

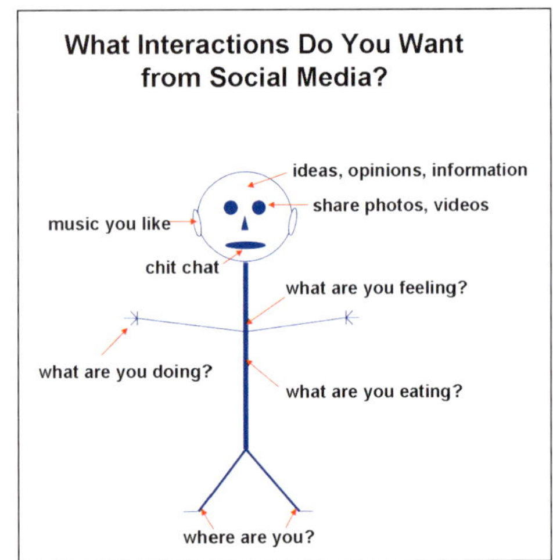

图 1-10 个人与社会媒体互动

1. 组织传播的作用

在现代社会中，几乎每一个人都在一定的组织内工作和生活，上到国家机关，下至群众团体。组织沟通是疏通组织内、外渠道，密切组织成员及组织与组织之间关系，完成组织任务最重要的条件之一。组织传播是公共关系工作的一部分。通过良好的组织传播，可以促进组织成员对组织共同的目的、利益、价值观念等方面的认同，同心协力地去完成既定任务。

组织传播对于稳定组织成员，应付外部环境，内求团结、外求发展，维护和促进组织的生存和发展都有着重要的作用。通过组织传播相互交流思想、观念、资料、消息与情感，也是组织成员谋求共同谅解、相互配合的一种方法。在现代社会中，组织传播开展得如何，对组织既定目标的实现及其发展将产生直接影响。

组织传播是组织活动的源泉。积极有效地开展组织传播活动，可以使组织各种机制运转正常，保持活力。同时，组织传播又是组织关系的“黏合剂”，它的直接目的是稳定组织内部成员，协调组织与组织，以及组织成员间的关系，适应各种不同的环境，维持自己的生存和发展。由此可见，组织传播既是人类传播活动的方式之一，同时，又是公共关系自身理论的一部分和公共关系工作的具体工作方式之一，二者有着十分密切的联系。

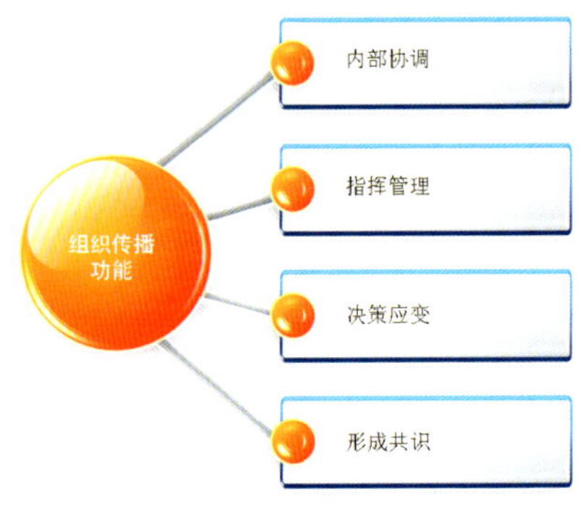

表 1-1 组织传播功能

2. 组织传播的类型

（1）组织正式传播

组织正式传播是指以正式组织形式，或较为正规的组织形式进行的传播，是为工作进行的沟通，具有明显的贯彻组织意图，服务于组织某种任务或目标的色彩。这种类型的具体传播方式较为多样化，既可以通过文件、指令方式来进行，也可通过座谈会、汇报会方式来进行。

（2）组织非正式传播

组织非正式传播是指组织内不按“职能路线”进行的信

息传播活动，是以感情沟通为着重点的传播行为。在各类组织中，各种角色之间应特别注意感情联络，互敬互爱，在交流过程中应努力克服“角色”所设置的障碍。那种以非领导者的身份与公众进行的沟通，往往能够起到化解矛盾、增进友谊、增强信任感、增进内部团结的作用。联络感情的方式多种多样，目的都在于增进相互了解，密切人际关系，避免或缓解人际冲突。新型的工作关系是一种有着坚实感情基础的关系。

3. 组织内部传播

组织传播包括两方面，一是组织内传播，二是组织外传播，这两方面都是组织生存和发展必不可少的保障。其中组织内部传播是组织传播的主要研究内容，通常是以组织内部信息沟通为主要内容而展开的，从传播方向和信息流通走向上看，主要有三种形式：

（1）自上而下的传播

这种传播是指透过组织内部的各个层面，组织上层决策信息往下传递的过程。组织的规范、传统，领导者的权威大多是靠这种自上而下的传播来维持和发展。这种传播一般是管理层发布指令，争取组织各层次员工的合作与支持，并使员工获得采取行动的依据。同时，这种传播有利于员工准确、及时地接受和完成上级任务，并使职工认识其工作价值，激发其荣誉感。而且，这种传播有利于保持组织的统一和稳定。自上而下的传播一般是通过一定的媒介来进行信息交流。例如，以文件、会议、指令、指示的形式进行。有时也以公众传播方式进行，如演讲会等。

（2）自下而上的传播

这种传播是指在组织中，下级人员向上级表达意见和态度、反映情况、汇报工作的过程。良好的自下而上的传播能向决策者与管理者及时传递具体工作中的各项问题，便于领导及时掌握组织的工作进展情况，了解组织成员的内心世界，由此，针对具体情况再度实施或调整组织的各项方针、政策。这种传播主要通过两种途径：一是组织成员或下级部门定期或不定期地以书面报告、口头汇报方式向上级传递信息；二是上级领导以召开会议或亲临现场的方式，向下级部门或组织成员索取信息。为了减少信息传递过程中的失真现象，这种自下而上的传播最好采取直通（direct connection）的方式进行，即尽量减少和避免中间层次，以提高信息传递的精确度，提高传播的质量。

（3）横向传播

这种传播是指组织内部机构之间、成员之间的同级同类的横向信息交流。例如，部门之间、科室之间、车间之间、班级之间、员工之间的信息交流。这种交流是协调关系和行动、解决实际工作中的问题的有效渠道。同时，这种传播交流与前两种相比，有简化办事手续、节省交流时间的优点，亦可提高工作效率，并有助于培养组织的集体主义精神和建立组织成员之

图 1-11

图 1-12

图 1-13 工作室内部交流是创新之源

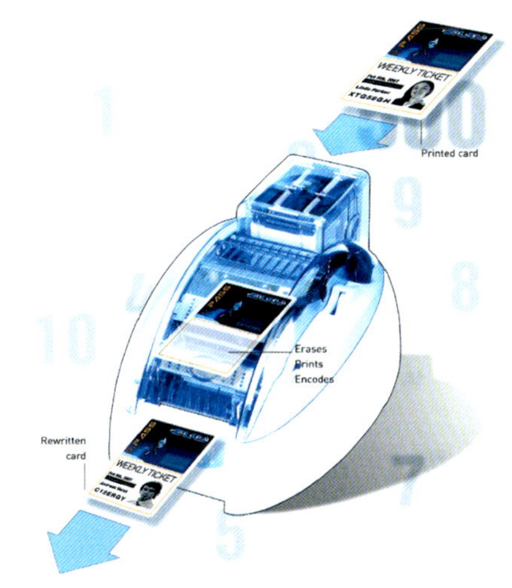

图 1-14

图 1-15

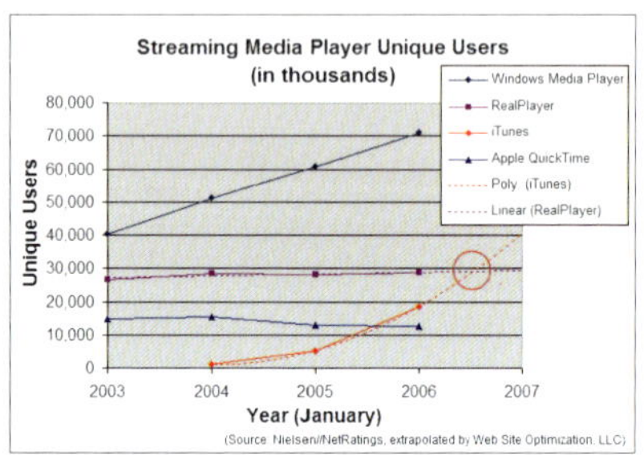

图 1-16 流媒体播放器使用者数量逐步攀升

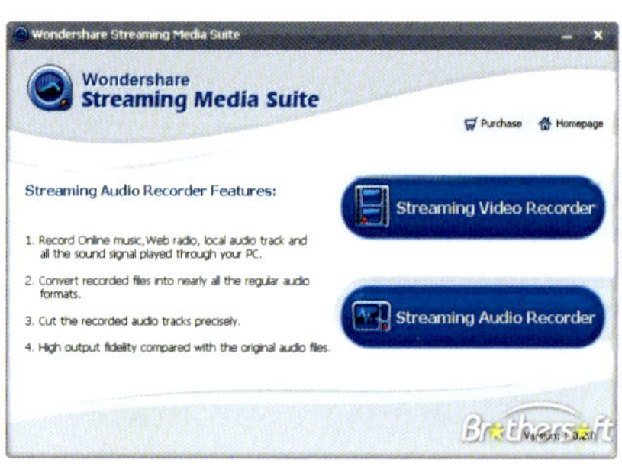

图 1-17

间的亲密关系。

在实际公共关系工作中，组织传播的这三种形式时常交替进行，共同构成组织的一个有机信息传播网络。三种传播形式相辅相成，互为反馈，对组织既定目标的实现及发展前途产生直接影响。

五、大众传播

大众传播（Mass Communication或Public Communication）是指媒体组织采用现代机器设备，通过大批复制并迅速地传播信息，从而影响庞杂的受众的过程。

杰诺维茨1968年提出，大众传播由一些机构和技术所构成，专业化群体凭借这些机构和技术，通过技术手段（如报刊、广播、电视等等）向为数众多、各不相同而又分布广泛的受众传播符号的内容。

德弗勒则认为大众传播是一个过程，在这个过程中，职业传播者利用机械媒介广泛、迅速、连续不断地发出讯息，目的是使人数众多、成分复杂的受众分享传播者要表达的含义，并试图以各种方式影响他们。

现代意义上的大众传播，就是指专业化的媒介组织运用先进的传播技术和产业化手段，以社会上一般大众为对象而进行的大规模的信息生产和传播活动。通过报纸、广播、电视、电影、书籍、杂志等媒介，向为数众多、范围广泛的人们传递信息。

大众传播是现代社会速度最快、范围最广、内容最多、影响最大的传播现象，也是媒体传播学中最重要的研究内容。

大众传播的特征	
公开的	受众不为人际交往范围所囿
间接的	在发送者与受众之间存在时间空间距离
单向的	在发送者与受众之间不发生角色互换
面向分散的群体	受众是匿名的，无阶层和群组之分

表 1-2 大众传播的特征

六、网络传播

随着互联网的迅猛发展，网络传播（Network Communication）也得到了飞速发展。网络传播作为一种全新的现代化传播方式，有着与传统传播媒体截然不同的新特征。网络传播给我们的时代提供了最快捷、最便利的传播方式，是人类有史以来增长最快的传播手段。网络传播对于世界文明的意义，不亚于中国人发明的造纸术和印刷术的意义。

网络传播对于社会的影响是全面的，不仅影响着政治和经济，而且影响着我们的生活方式和思维方式。网络传播正以不可抵挡的势头，迅速渗透到世界各国政治、经济、思想以及文化等诸多领域，改变着人们的生活，改变着世界的面貌。

然而，网络传播的特性决定了它与传统大众传播方式截然不同，也就不可避免地带来了一系列负面作用，如意识形态和文化渗透、假新闻假信息传播、色情泛滥、个人隐私及知识产权遭到侵犯等等。所有这些都有待我们去研究和探讨。

在网络传播中，受众可以对信息进行自由选择，包括选择信息内容和信息的接收形式以及接收时间和顺序。网上媒体采用多媒体技术向网上发布信息，不仅发布关于该信息的文本，还能显示图像、传递声音，供受众自由选用。在信息的编排上，网上媒体除少数重大新闻事件采取同步传播外，对大多数信息采取异步传播的方式，即将各种信息散布在网上，并随时更新，让受众去点播（Click），使受众可以随时在网上按自己喜爱的顺序浏览或下载新闻信息。

在网络传播中，有条件的受众可以直接参与到信息的生产和传播过程中去，成为名副其实的新闻传播者。在网络传播中，受众与传播者可以在一定程度上进行直接的双向交流。

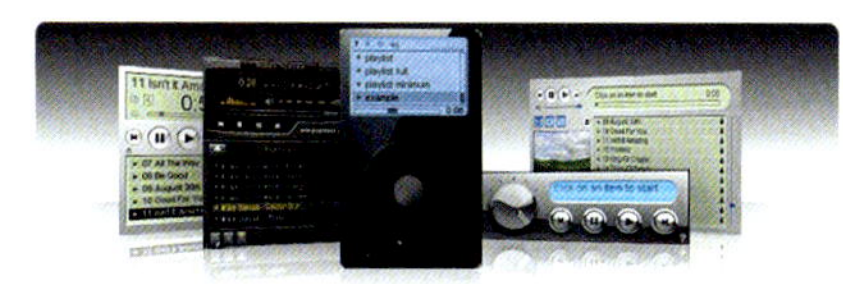

图 1-18 音乐是网络传播重要内容

图 1-19

图 1-20

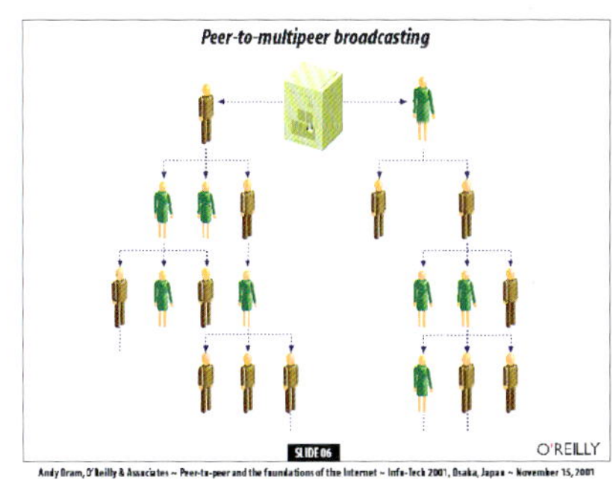

图 1-22

图 1-21 当代流行的社交网站

图 1-23

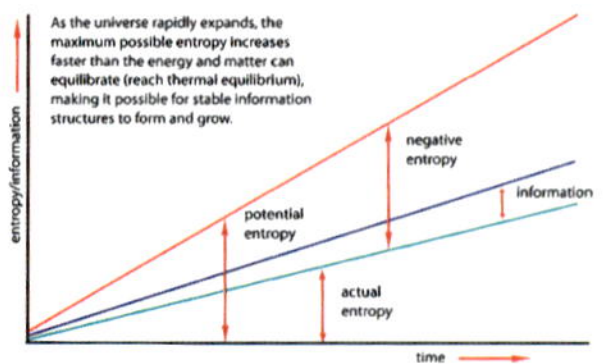

图 1-24

图 1-25《香农论文集》

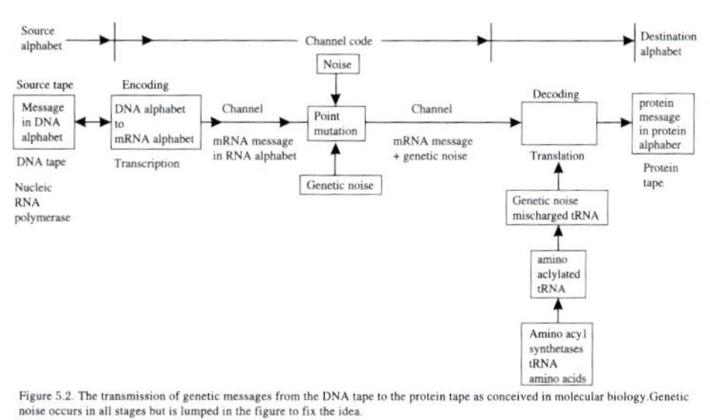

图 1-26

第二节 媒体研究理论

媒体研究的四大基础理论是：信息论、符号论、解释学、传播学。

一、信息论

从哲学观点看，信息是事物运动的存在形式或表达形式，或者说是事物内部联系的存在形式或表达形式。但是以社会信息交流作为研究对象的传播学，关心的是作为人的精神产物的那一部分信息。这部分信息有两种基本存在形式：内储形式和外化形式。内储信息是暂时或长久地储存在人的大脑中的信息。外化信息包括用符号记录下来的书籍、文献、资料等信息形式。口头传播的信息不一定被记录下来，但仍然属于一种外化形式，只是一般不留下痕迹。

信息论对传播学的一个突出贡献是它丰富了人们对信息本质的认识。信息论认为，信息的本质在于对事物不确定性的清除。信息论给信息的定量化提供了科学的方法。香农被称为“信息论之父”。人们通常将香农于1948年10月发表在《贝尔系统技术学报》上的论文“A Mathematical Theory of Communication”《通信的数学理论》作为现代信息论研究的开端。1949年，信息论创始人、数学家香农与韦弗一起提出了传播的数学模式，为后来的许多传播过程模式打下了基础，并且引起人们对从技术角度进行传播研究的广泛关注。

信息论是运用概率论与数理统计的方法研究信息、信息熵、通信系统、数据传输、密码学、数据压缩等问题的应用数学学科。信息论将信息的传递作为一种统计现象来考虑，给出了估算通信信道容量的方法。信息传输和信息压缩是信息论研究中的两大领域。这两个方面又由信息传输定理、信源—信道隔离定理相互联系。

信息论主要是研究通讯和控制系统中信息传递的共同规律，以及研究最佳解决信息的获取、度量、变换、储存和传递等问题的基础理论。信息论的研究范围极为广泛。一般把信息论分成三种不同类型：

其一，一般信息论。主要是研究通讯问题，但还包括噪声理论、信号滤波与预测、调制与信息处理等问题。

其二，狭义信息论。它是研究通讯和控制系统中普遍存在着的信息传递的共同规律，以及如何提高各信息传输系统的有效性和可靠性的一门通讯理论。

其三，广义信息论。不仅包括狭义信息论和一般信息论的问题，而且还包括所有与信息有关的领域，如心理学、语言学、神经心理学、语义学等。

信息（information）是客观事物状态和运动特征的一种普遍形式，客观世界中大量地存在、产生和传递着以这些方式表示出来的各种各样的信息。信息只存在于四维空间之中（这里所说的

四维空间不包括时间，而是空间的四维状态），三维空间中的信息只是四维空间中真实信息的影子，其本质是在四维空间中存在的一种信息子（informofer，信息粒，核信息颗粒，假想的存在于四维空间中的组成信息的基本单位）的规则排布。信息是事件发生的根本原因。信息有以下性质：客观性、广泛性、完整性、专一性。

信息是客观存在的，它不是由意志所决定的，但它与人类思想有着必然联系。同时，信息又是广泛存在的，四维空间被大量信息子所充斥。信息的一个重要性质是完整性，每个信息子不能单独决定任何事件，须有两个或两个以上的信息子规则排布为完整的信息，其释放的能量才足以使确定事件发生。信息还有专一性，每个信息决定一个确定事件，但相似事件的信息也有相似之处，其原因的解释需要信息子种类与排布密码理论的进一步发现。

信息论假说建立了对思想与记忆、生命现象、预感与巧合、梦与不实印象（untrue impressions）、化学反应、命运与灵魂等的解释的新通道，是唯物主义的新发展，它用唯物的观点解释了人类一直无法弄清的问题。用信息论假说的观点看问题，可以使人类认识到一个全新的世界，并有助于探索更深的世界本质。

二、符号论

按照西欧“符号学”的看法，符号是最重要的信息载体。符号是一种象征系统，它不是事物本身，而是用来“指说”事物的。

符号系统有两类：

（1）语言符号。这是人际传播最基本、最重要的信息载体，可以表达深刻的思想、丰富的情感。

（2）非语言符号。包括表情、手势、衣饰、摆设、时间的控制、地点的安排等。

符号系统作为语言符号的补充，是人际传播不可缺少的手段，符号论的发展从理论上来说是对信息传播过程进行分析的有效途径。

符号论认为人的感觉、观念不是外界事物的反映，而仅仅是一些和外界事物没有任何相似之处的记号、符号或象形文字。德国生理学家和物理学家赫尔姆霍茨（Hermann Von Helmholtz，1821—1894）是这一理论的主要代表。他在解释感官生理学实验材料时，否定感觉与感觉所代表的事物间的联系，把感觉叫做外部现象的符号，从而否定了感觉的物质内容和客观基础。列宁在《唯物主义和经验批判主义》中对符号论进行了剖析和批判。列宁指出：“模写决不会和原型完全相同，但模写是一回事，符号、记号是另一回事。模写定要而且必然是以‘被模写’的东西的客观实在性为前提的。记号、符号、象形文字是一些带有完全

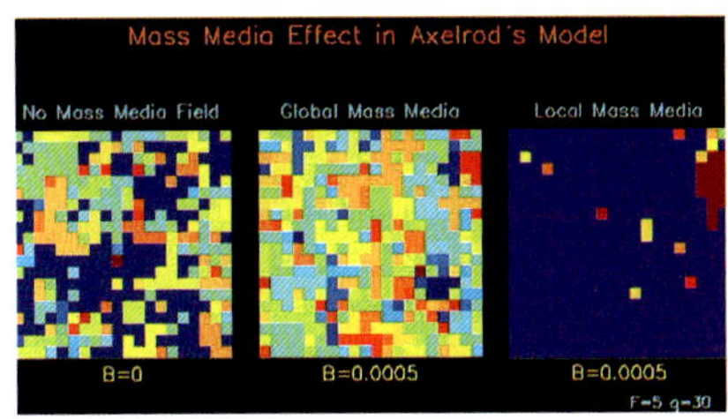

图 1-27

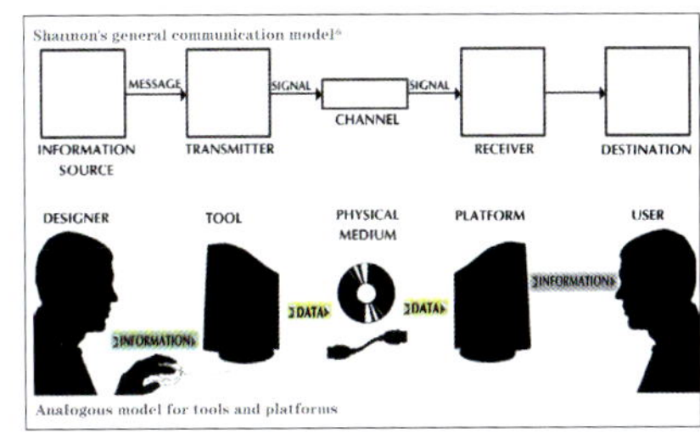

图 1-28 设计者与使用者交流模式

图 1-29 网络连接人与人

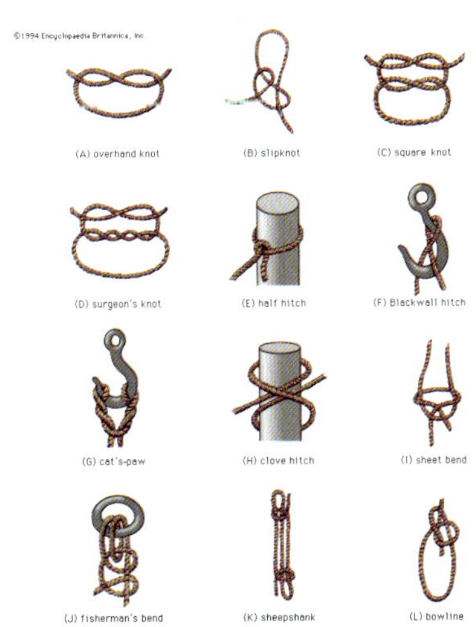

图 1-30 符号应用影响至今

The Mathematical Theory of Communication

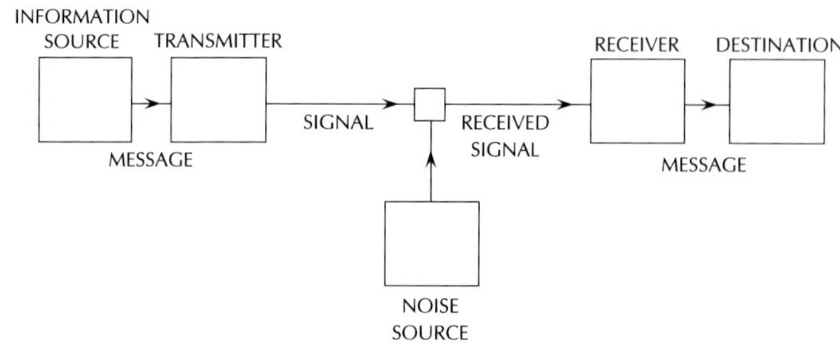

Schematic diagram of a general communication system.

图 1-31

不必要的不可知论成分的概念。”（《列宁选集》第2卷）人们为了方便，用符号、记号等来代表事物或事物间的关系，这些符号同所代表的事物可以毫无相似之处。感觉、表象则完全不同，它们是对客观事物的反映或模写。

引申至社会学，产生了“符号互动论”，又称“象征相互作用论”或“符号互动主义”。这是一种通过分析在日常环境的人们的互动去研究人类群体生活的社会学和社会心理学理论流派。符号互动论起源于美国实用主义哲学家W．詹姆斯和G．H．米德的著作。美国社会学家布鲁默（Herbert Blumer，1900—1986）最早使用“符号互动”这一术语。西方学术界曾有人把符号互动论分为两派：（1）以布鲁默为代表的芝加哥学派；（2）以M．库恩为首的艾奥瓦学派。

符号互动论的基本假定是：（1）人对事物所采取的行动是以这些事物对人的意义为基础的；（2）这些事物的意义来源于个体与其同伴的互动，而不存在于这些事物本身之中；（3）当个体在应付他所遇到的事物时，他通过自己的解释去运用和修改这些意义。

符号互动论在传播行为上的方法论特征是：倾向于自然主义的、描述性的和解释性的方法论，偏爱参与观察、生活史研究、人种史、不透明的被脉络化了的互动片断或行为标本等方法，强调研究过程，而不是研究固定的、静止的、结构的属性；必须研究真实的社会情境，而不是通过运用实验设计或调查研究来构成人造情境。符号互动论者不运用正式的数据搜集法和数据分析法，而代之以概括性的和一般的方法论的指令，这些指令要求对被调查的对象采取“尊重”态度。

三、解释学

意义问题是传播学的一个核心问题，而意义的产生，与解释学的兴起有密切的关系。“意义”与“信息”或“符号”是不同的概念。符号的意义既有约定俗成的部分，又有个人主观

理解的部分。

符号意义的约定俗成，是人际传播得以进行的一个重要先决条件。但每个人有不同的经验范围，有各种差异的存在，因此传、受双方很难产生百分之百的沟通。从根本上说，传播是通过符号的传递以达到意义沟通的目的，传播不只是符号的传播，而且是意义的传播，传播者要做到的是，从受传者那里引出意欲传递的意义。

解释学（hermeneutics）亦译“阐释学”、“释义学”、“诠释学”。广义是指对于文本之意义的理解和解释的理论或哲学。涉及哲学、语言学、文学、文献学、历史学、宗教、艺术、神话学、人类学、文化学、社会学、法学等问题，反映出当代人文科学研究领域的各门学科之间相互交流、渗透和融合的趋势。

解释学既是一门边缘学科和一种新的研究方法，又是一种哲学思潮。

哲学解释学主要有两种形式：

（1）分析的解释学。涉及理解和解释、思维机器以及日常语言等问题。

（2）人文主义的哲学解释学。其代表人物包括海德格尔、伽达默尔、利科和德里达等人。伽达默尔和德里达根据海德格尔对存在——神学传统的批判研究，力图在形而上学问题的具体情况中理解解释。利科与前两人不同，他试图调和德国的解释学传统和语言分析哲学、心理分析学、结构主义思潮，认为本体论只存在于解释的方法论中，并只有通过各种解释之间的“冲突”，才能获悉被解释的存在，这一理论对媒体研究的意义生成等问题有重要的参考价值。

四、传播学

传播学是研究人类一切传播行为和传播过程发生、发展的规律以及传播与人和社会的关系的学问，是研究社会信息系统及其运行规律的科学。简言之，传播学是研究人类如何运用符号进行社会信息交流的学科。传播学又称传学、传意学等，对于媒体研究来说，也是重要的理论支柱。

传播学是20世纪30年代以来跨学科研究的产物。传播学和其他社会科学学科有着密切的联系，并处在多种学科的边缘。由于传播是人的一种基本社会功能，所以凡是研究人与人之间关系的科学，如政治学、经济学、人类学、社会学、心理学、哲学、语言学、语义学、神经病学等等，都与传播学相关。

传播学运用社会学科的理论观点和研究方法来研究传播的本质和概念；传播过程中各基本要素的相互联系与制约；信息的产生与获得、加工与传递、效能与反馈，信息与对象的交互作用；各种符号系统的形成及其在传播中的功能；各种传播媒介的功能与地位；传播制度、结构与社会各领域各系统的关系等。

此外，传播学还要借鉴自然科学中的信息论、控制论、系

Top 10 Reasons Why
You Should Have Your Profile in
Social Media Networking Sites

And Much More

101 World Class Expert Facts, Hints, Tips and Advice on

Social Media

图 1-32

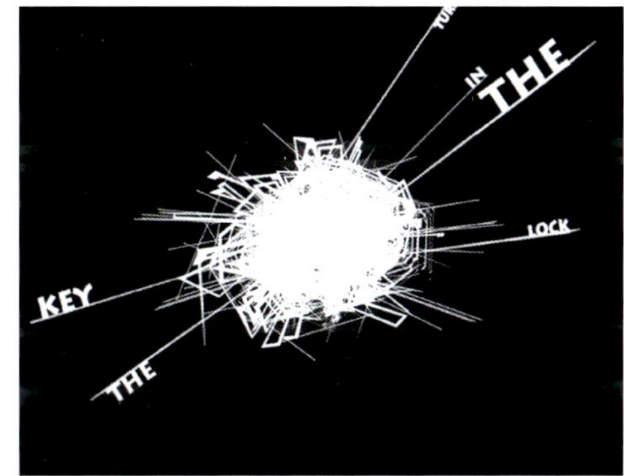

图 1-33

图 1-34

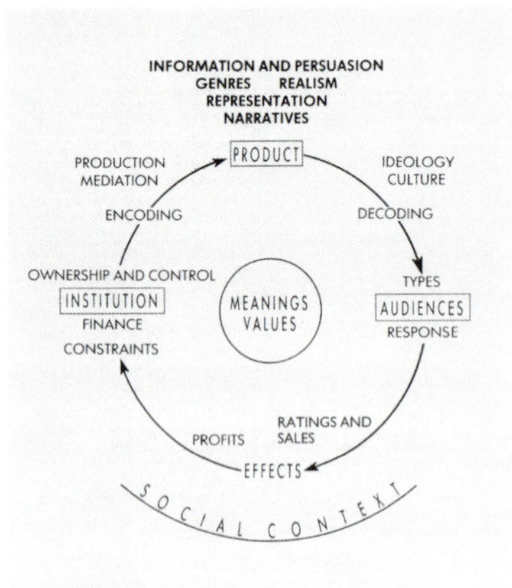

图 1-35

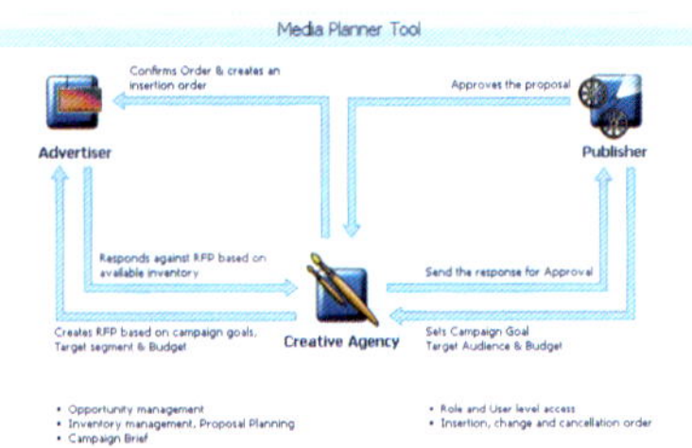

图 1-36

图 1-37 报纸数字化使新闻传播更加快捷

图 1-38

统论等，所以，人们称它为边缘科学，意思是处在多种学科的十字路口。但是，传播又有它自身的理论，是其他社会科学所不能代替的。

1. 传播学的研究内容

传播学研究的重点和立足点是：人与人之间如何借传播的作用而建立一定的关系。

它的研究范围主要包括：人际传播和大众传播。而其中又以大众传播为主。

研究传播学其实就是研究人：研究人与人，人与其他的团体、组织和社会的关系；研究人怎样受影响，怎样互相影响；研究人怎样报告消息，怎样接受新闻与数据，怎样受教于人，怎样消遣与娱人；人与人怎样建立关系。

传播学研究体系的构建可以首先从它与其他相关学科的关系上找到依据和坐标。因为它的构建同众多相关学科对它的哺育是分不开的。此外，传播学还常运用符号学、语义学、信息学、接受学等各种相关学科的知识或近似主题研究的成果，不断丰富和完善自己的研究内容和研究体系。

在传播学的四周，有众多的学科尤其是新兴学科在支持它、丰富它，源源不断地向它输送着新鲜的养料。这给传播学创造了兼收并蓄、融汇综合的条件，也给传播学提供了确定对象、构筑体系、明确坐标的重要参照系。

2. 传播学的起源

现代意义上的传播学诞生于美国。美国学者分别从不同角度探索传播理论，并提出了种类繁多的传播模式，诸如以文字、图形和数学公式等表述的各种模式。传播学家运用不同的模式来解释信息传播的机制、传播的本质，提示传播过程与传播效果，预测未来传播的形势和结构等。

传播学之所以起源于美国，是因为20世纪上半叶，欧亚大陆连续遭受了两次世界大战的祸害，而美国由于其独特的地理优势，成为众多科学家的避风港。同时，美国本土未遭战争破坏，技术的发明与应用因而也一直保持领先地位。例如：1920年匹兹堡无线电视台的开业；1926年，全美广播公司NBC的成立等等。

从社会状况来说，美国的政治与社会生活中有着高度重视大众传媒的传统，在政治机制中大众媒介是与立法机构、政府机构互相制衡的力量之一，报纸曾被称为第二国会。

从学术传统来看，美国实用主义哲学盛行，学术研究特别强调解决实际问题。大量的实用信息为人们所用，方便了人们的生活、工作和社会的运行。但是也有大批的商业推销、政治宣传、欺骗、色情、暴力等文化垃圾。

西方传播学者在研究中存在着明显的局限性。比如：他们不适当地把传播放到人类第一等重要的地位去认识，从而排斥了人类的生产能力这一主要标志；他们把传播行为的发生和发

Social Media Adoption Curve

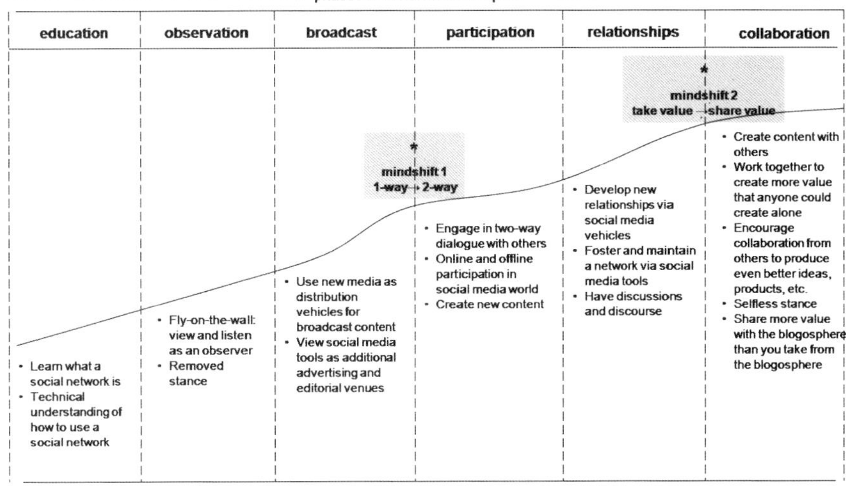

Users can now participate in publics through a range of media

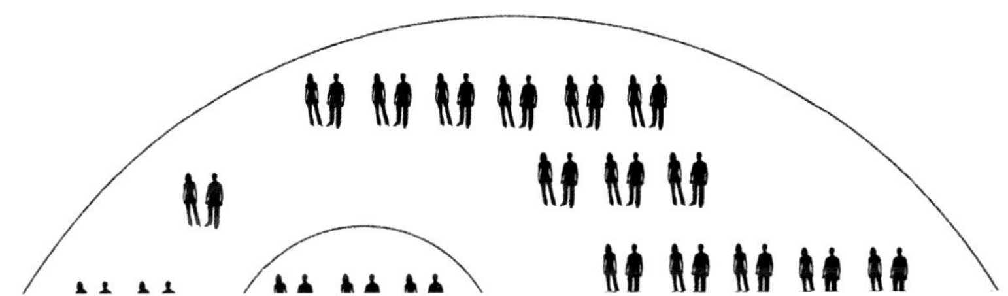

展分别归之于人的本能和科学技术的进步，而不把他们和社会生产方式联系起来予以考察；在研究传播事业的社会控制时，又往往不能彻底揭示社会内部的深刻矛盾等等。这些问题或潜在问题就成了美国学术界必须面对、必须研究的课题。

3. 传播学的发展

传播学在美国问世后，很快传到西欧和日本。

英国的传播学研究从20世纪60年代开始蓬勃兴起，在方法论上可分为四大学派：以麦奎尔为首的社会学派；以霍洛伦为代表的社会心理学派；以奇斯曼和加纳姆为代表的政治经济学派；以利兹大学电视研究中心为代表的职能学派。

日本的传播学研究始于第二次世界大战以后，有两大特点：一是沿袭外国主要是美国的理论体系，并着重发展了强调受众有权直接参加传播过程的社会参与论；二是实践优先于理论。

苏联自20世纪60年代起，开始重视研究传播学理论。苏联学者根据自己的研究分别提出了各自的传播模式，较著名的有菲尔索夫传播模式和阿列克谢耶夫传播模式。

图 1-39

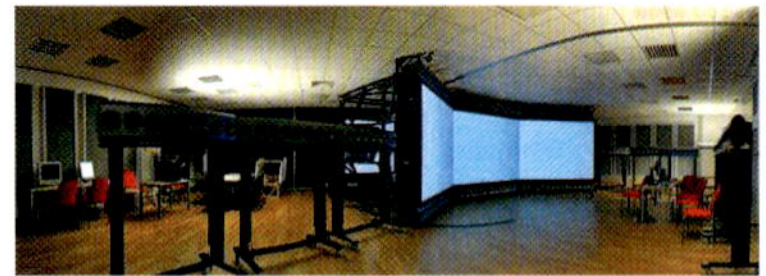
图 1-40

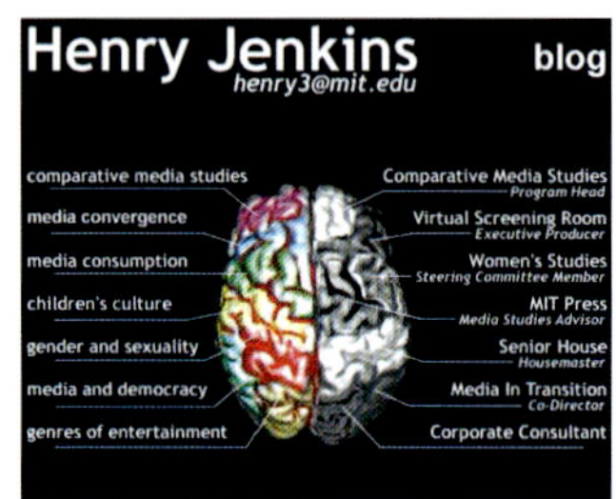

图 1-41 媒体与脑科学研究

Activities	Every day	More than three	Once or twice	Never
watch TV	0（0%）	1（25%）	3（75%）	0（0%）
surf the internet				
read newspapers				
go to the movies				
go shopping				
listen to music				

图 1-42 媒体研究表格

图 1-43

图 1-44

图 1-45

第三节 媒体研究方法

媒体研究有两种基本方法，即科学主义的方法和人文主义的方法。

一、科学主义方法

科学主义的方法又称经验主义、行为主义或定量分析的方法。

美国的传播媒体研究，主要采用抽样调查、内容分析、个案分析、控制实验等方法。这些方法在特定环境和条件下，可以定量地描述传播行为，但不去解释隐藏在事实和现象背后的原因，以及传播行为所发生的社会环境等因素。

试以有代表性的相关性研究法（Correlational approaches）为例，这种研究方法的特色在于：（1）研究对象是一个大群体；（2）研究的变量（variable）一定至少两个以上，以便研究变量间的相关性；（3）在研究之前，要先定义所要研究的概念（construct）；（4）性质上，多半是数据的收集和分析，属于量的研究。

相关性研究法又可以分成两种：（1）关系研究法（relationship studies）。即在较长的时间内，同时观察两个变量，观察它们之间的关系。例如，我们可以研究接受课后辅导的学生是否比自学的学生成绩提高更快；（2）预测研究法（prediction studies）。即研究者事先预期两个变量间有一定的关系，然后寻找数据，证实二者之间的确存在彼此互动的关系。

在作相关性研究时，要注意几个要素：（1）有效性（validity）。设计的研究和评估法，是否针对要研究的主旨（变数）设计。例如，准备评估人们的交流能力和口语表达能力，却给了一个书面测试，明显是无效的评估方法。（2）可信度（reliability）。研究及评估法，是否有准确性及一致性。例如，答题者将答案写在了错误的卷面上，准确性即为零。又如，在批阅各项测验时，评阅人是否有一致的标准。

相关性研究法的缺点在于：（1）以数据分析研究对象（学生），在化繁为简的同时牺牲掉了许多研究议题；（2）无法确定因果关系；（3）研究对象越多越好，以便收集大量数据，但是相对地，无法提供对个别学习者各方面的观察。

例如香农—韦弗模式让我们能确定并分析传播过程的各个重要阶段和传播要素，但其基于数理的直线传播模式显然过于简单化。1954年，施拉姆在《传播是怎样运行的》一文中，提出了新的传播模式，这一模式突出了信息传播过程的循环性。这就内含了这样一种观点：信息会产生反馈，并为传播双方所共享。另外，它对以前单向直线模式的另一个突破是：更强调传受双方的相互转化，从而打破了传统的直线单向模式一统天下的局面。其缺点是未能区分传受双方的地位差别，因为在实际生活中传受双方的地位很少是完全平等的。因此，这个模式虽然能够较好地

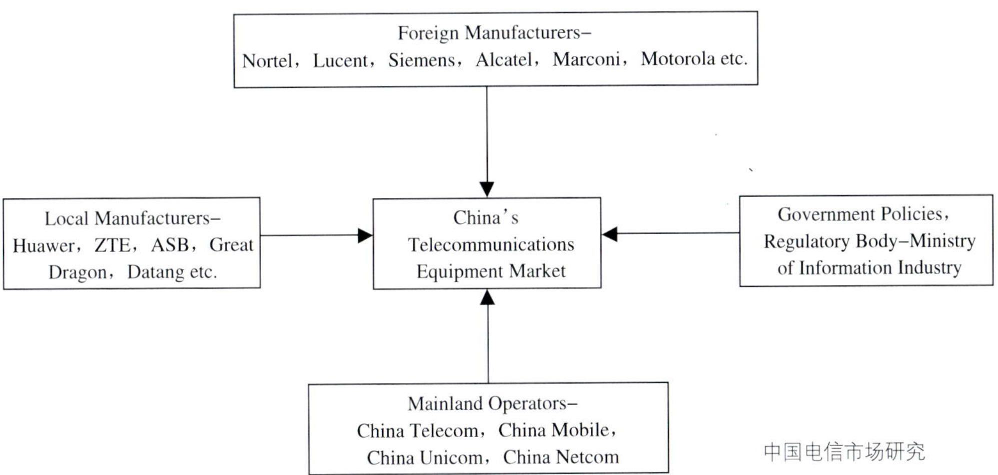

中国电信市场研究

体现人际传播尤其是面对面传播的特点，对大众传播过程却不能适用。

二、人文主义方法

人文主义的方法为另一部分传播学者采用，他们试图在更深的层次上揭示传播行为的本质。尽管人文主义的方法常常带有思辨哲学的色彩，但它的定性分析的作用也不是行为主义的方法所能替代的。人文方法的缺点是定量分析不够，具有一定的主观性。

人文主义（humanism）是指社会价值取向倾向于对人的个性的关怀，注重强调维护人性尊严，提倡宽容，反对暴力，主张自由平等和自我价值体现的一种哲学思潮与世界观。

神学观点把人看成是神的秩序的一部分，科学观点把人看成是自然秩序的一部分，两者都不是以人为中心的，而与此相反，人文主义把焦点集中在人的身上，它认为，这是所有男女可以依据的唯一东西，这是对蒙田的“我是谁”问题的唯一答复。

人文主义信念表现为每个人在他或她自己的身上都是有价值的，即人的尊严。其他一切价值的根源和人权的根源就是对此的尊重。这一尊重的基础是人的潜在能力，而且只有人才有这种潜在能力：那就是创造和交往的能力（语言、艺术、科学、制度），观察自己，进行推测、想象和辩理的能力。这些能力一旦释放出来，就能使人有一定程度的选择和意志自由，可以改变方向，进行创新。

人文主义传统始终对思想十分重视。思想不能孤立于它们的社会和历史背景来形成和加以理解，另一方面，也不能把它们简单地归结为替个人经济利益、阶级利益性或其他方面的本能冲动作辩解。马克斯·韦伯关于思想、环境、利益的相互渗透的概念，是最接近于总结人文主义关于思想的看法的，即它们既不是完全独立的，也不是完全派生的。

媒体文化中的人文主义是一种哲学理论和一种世界观。人

图 1-46

图 1-47 亚马逊使电子书销售也成为可能

图 1-48

文主义以人，尤其是个人的兴趣、价值观和尊严作为出发点。对人文主义来说，容忍、无暴力和思想自由是人与人之间相处最重要的原则。

根据前面的疏解，人文主义在西方文化中的不同发展阶段，其特点和功效容有差异，然其所以成立的机缘却是惊人的一致。在媒体研究中，唯有高度重视媒体的“道德主体”，才能使媒体文化成为领导文化生命的最高原则。以此审视现代媒体，就要从人文标高和人文追求上来评判媒体。分析现代媒体的特征和商业化本质，我们就会重新反思和定位“人本”的内涵。准确运用这种方法，必须要在中外古今的宏大维度中去思考和比较，才会充分发展媒体的价值，为媒体的发展提供人文的坐标和标准，并在技术理性和现代人的困惑中重新思考和运用媒体。

人文主义领域研究的成果和方法都是媒体研究和发展的重要参照，也就是在哲学发展的最新思索中不断审视和评价媒体。人文主义的方法，以此而成就媒体具有思辨性的和发展性的过程，让媒体在不断的思辨和社会评价中努力发挥其突出作用。

第四节　媒体术语界定

“媒体”或“媒介”是英文“media”的汉译。无论是媒介

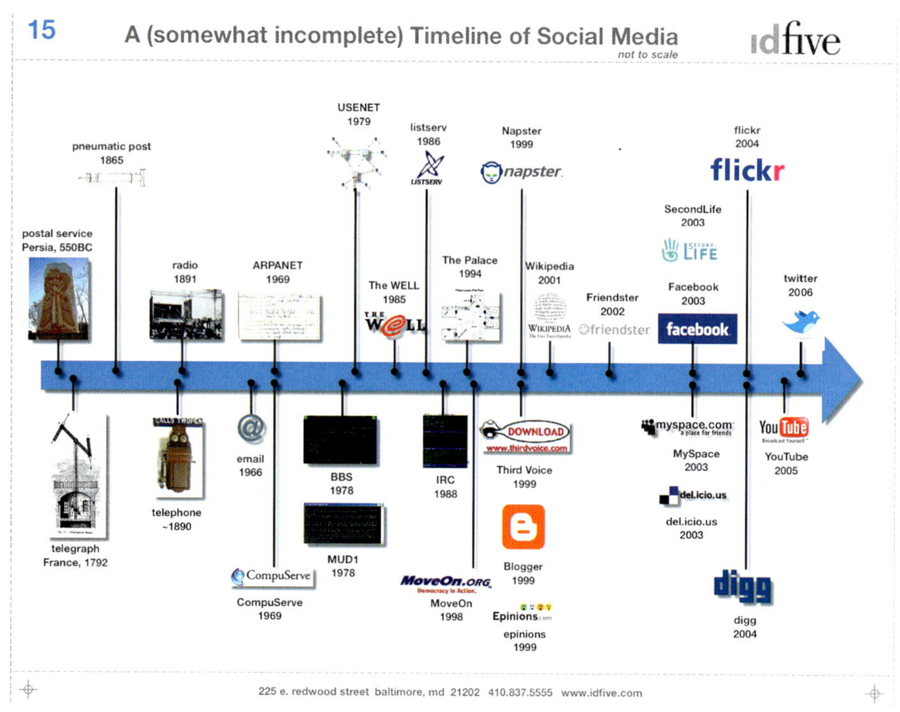

图 1-49 社会媒体时间线

还是媒体，如果就中文单个字的字面意思去分析媒体的内涵则是一种错误的思维，现代媒体或媒介的内涵，来源于英文中的“media”一词，与许多现代汉语词汇一样，不必过多考察其中文词源。当然，中文对译中也可以从中文的字源或词源中找到更确切的翻译词汇。

英文的“media”除了代表语法和古代国家地名的含义外，其词源来源于“middle”的词根“mid–”。这与现代媒体（媒介）的特征是吻合的，即媒体的核心内涵是在信息传播中起到中介作用的过程或方式，这一特征是信息得以传播、以什么形式传播、以多快的速度和效率传播以及产生什么传播效应的决定性的、中间的实现环节，媒介和媒体的意义，当在于此。

有学者认为，媒介是传播过程的中介物，媒体是发出信息与接收信息的主体。媒介和媒体是既有联系又相互区分的两个词汇。从已翻译成的中文术语来看，“媒介”和“媒体”有微小的差别，其核心在“媒”的特质，即中间的、起穿针引线作用的形式。“媒介”是“媒”和“介”两个近义字的叠加，“媒体”则强调了“媒”之实体，更注重传播媒介的实际存在形式，无大差别，但有微小之分。而实质上，作为“media”的汉译，就这个词汇在现代社会应用的始发点和特征来说，本质意义上，即指：在信息传播过程中的传播中介形式和方式，由于现代信息迅速发展和传播的需要，使得现代“media”的形式随着技术尤其是网络技术和计算机技术的更新而发生了根本性的、区别于传统信息传播中介方式的变化，进而在现代商品社会和市场经济竞争的全球主流气候下，在商品到达的中间和一切信息传播的中间，“media”发展成了一门新兴的知识体系，在现代市场营销、文化交流、经济、社会等各个领域产生了重要的影响，并因为“media”形式的变化（其内在驱动力量是人的需求和科学技术的变化），使得现代人的生活内容得以丰富多彩，进而根本区别于现代文明之前的生活方式。

媒介与媒体和英文的对应关系复杂，中西文化的背景不同和渐次交融使得对媒介与媒体的概念内涵的解释也显得繁复和多变。但就语义学的角度来说，意义的可对译性是语言间相互翻译的必要条件，在理解和解读媒介与媒体的内涵时，要立足于词汇本身发展的历史纵向脉络以及词汇发展的地域横向脉络进行考察。

就“媒体”本身来说，中文的媒体是针对现代信息传播中介形式产生的词汇，它更接近于“media”这个英文词汇，其基本内涵包括两层意义：

1. 交流、传播信息的工具。如：报刊、广播、电视、互联网等。

2. 媒介，手段。如：传播媒体；教学媒体；视听媒体；印刷媒体。

图 1–50

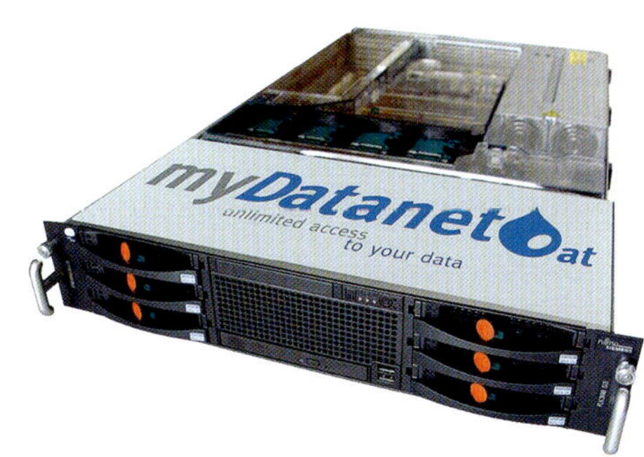

图 1–51 数字技术使大容量信息存储成为可能

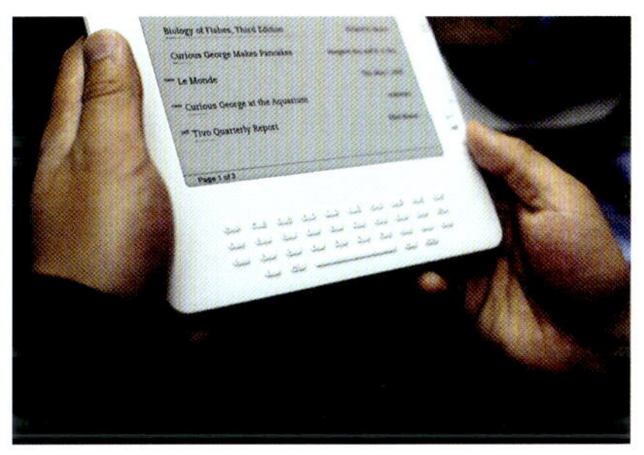

图 1–52 电子书阅读设备

图 1–53 数字媒体娱乐中心

图 1-54

本书中媒体与媒介术语通用。但媒体的外延毕竟要大于狭义的“媒介物”，更常规的认识是将媒体作为信息传播平台看待，即各级单位与机构，如：新闻媒体，广告媒体。

在日常生活中，被称为媒体的东西有许多，如蜜蜂是传播花粉的媒体、苍蝇是传播病菌的媒体。但准确地说，这些所谓的“媒体”是传播媒体，并非我们所说的多媒体中的“媒体”，因为这些传播媒体传播的都是某种物质实体，而文字、声音、图像、图形这些都不是物质实体，它们只是客观事物某种属性的表面特征，是一种信息表示方式。我们在计算机和通信领域所说的“媒体”，是信息存储、传播和表现的载体，并不是一般的媒介和媒质。

在计算机和通信领域，从计算机和通信设备处理信息的角度来看，我们可以将自然界和人类社会原始信息存在的方式，即数据、文字、有声的语言、音响、绘画、动画、图像（静态的照片和动态的电影、电视和录像）等，归结为三种最基本的媒体：声、图、文。传统的信息交流只能够处理单媒体，如“图”或“文”，电视能够传播声、图、文集成信息，但是通过电视，人们只能单向被动地接受信息，不能双向地、主动地处理信息，没有人机交互性。只有在计算机出现之后人类才真正进入了多媒体时代。

图 1-55 社会媒体市场

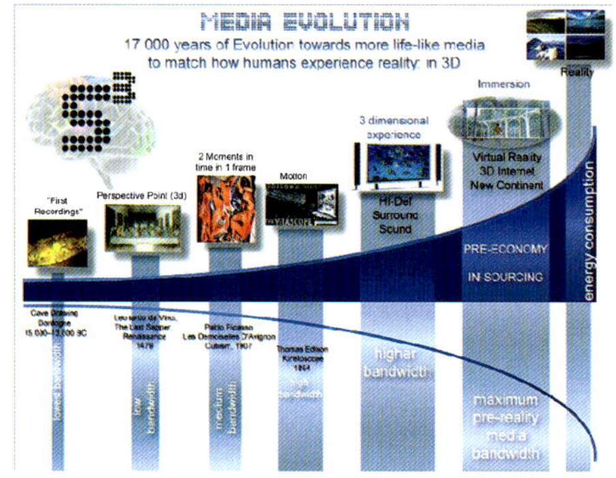

图 1-56 媒体进化图

作业与要求：

以某一时代发展为例，列举其主要媒体形式，并分析其与时代特征的关系。

作业形式应多样，不能仅罗列图片，需体现应用性、可操作性。

思考题：

1. 前电脑时代，媒体在传播中的特征有哪些？

2. 中文媒体、媒介和英文的相关词汇的语义学和词源学的差别在什么地方？

图 1-57 绳结用以记录重大事件

图 1-58

图 1-59 书籍传播人类思想

Office of Policy, Economics, and Innovation
Lisa Heinzerling
Associate Administrator
Administrative Support & Innovation Staff

Office of Regulatory Policy & Management	National Center for Environmental Economics	National Center for Environmental Innovation	Office of Cross-Media Programs
Regulatory Management Division	Benefits Assessment & Methods Development Division	Innovative Pilots Division	Performance Track Division
Policy & Regulatory Analysis Division	Research & Program Support Division	Policy & Program Change Division	Sector Strategies Division
Program Analysis Division	Science Policy & Analysis Division	Evaluation Support Division	Development, Community & Environment Division

图 1-60

SIMBOLI PRIMITIVI Primitive Symbols 上古原始圖騰

- Croce ad albero che uniscei tre mondi: Celeste, Terreno, e degli inferi.
- Candeliere settemplice ebraico 希伯來燭臺
- La preghiera che dal mondo si rivolge a Dio.
- Preghiera che si eleva a Dio dal mondo Terreno e dagli inferi.
- Segno nel quale sono presenti la I e la H lettere iniziali del nome Jesus infisse nel cerchio che significa il mondo.
- Croce raggiata

SIMBOLI MAGICI Magical Symbols 魔力圖騰

- Simbolo di Mercurio 水星圖騰
- Simbolo di Giove
- Tridente significante la Trinita
- L'Omega che signifia Dio, con iscritta la croce.
- Simbolo di Saturno 土星圖騰
- Segno nel quale sono presenti la crocetridente, la e la H iniziali di Jesusu sul cerchio che significa il mondo.

SIMBOLI CRISTIANI Christian Symbols 基督教圖騰

- Il Chirsmon
- Ostia raggiata con la scritta IHS significante Jesus 耶穌會圖騰
- Vaso del refrigerium che significa la grazia santificante dal quale emerge la piantina di trifoglio simboleggiante la Trinita.
- Simbolo del Sole - Cristo 太陽圖騰-基督
- Cuore trafitto di Maria 瑪麗亞之心
- Croce accompagnata da due puntini che assume significate

图 1-61

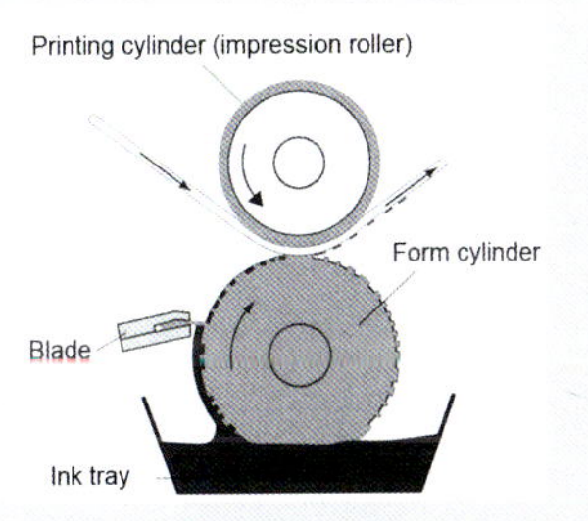

图 1-62 印刷工作原理

图 1-63 传统手工印刷工场

图 1-64 我们的媒体广告环境

图 1-65 “脚”动电子媒体

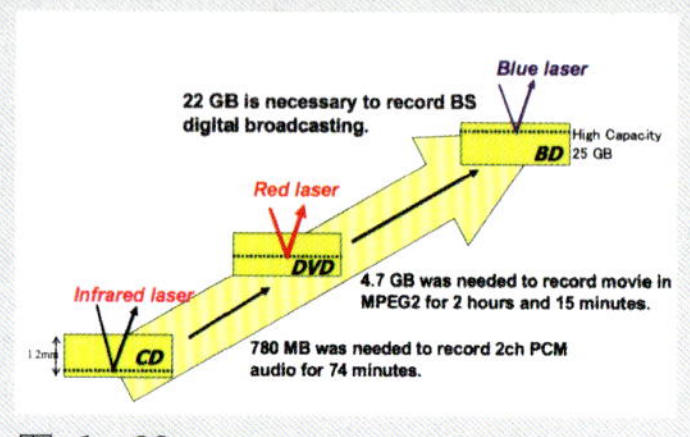

图 1-66

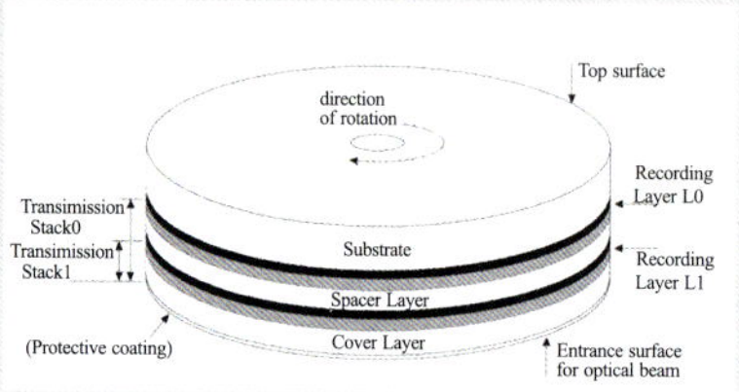

图 1-67 光盘结构图

图 1-68 信息发射与接收设备

图 1-69 数据存储设备

图 1-70 硬盘是数据存储最重要的硬件之一

图 1-71

图 1-72

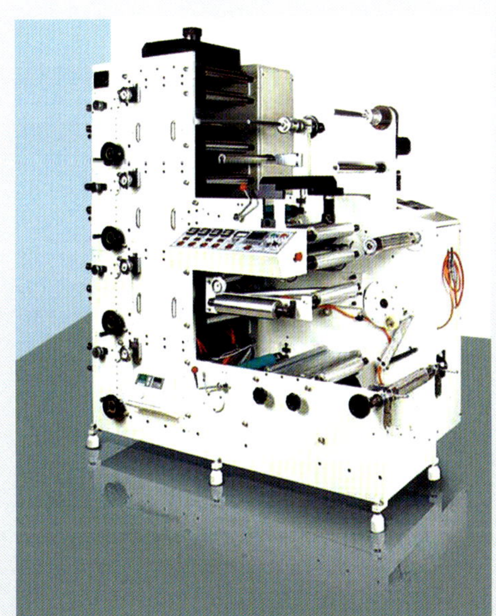

图 1-73 印刷机为早期媒体传播重要的技术基础

图 1-74 无线使有线走向消亡

THE END
THE END

第二章　大众媒体

学习目标：

了解大众媒体的主要类型和特征，掌握其基本发展脉络。了解大众媒体在现代社会信息传播中的功能和作用，能熟练分析各种大众媒体与现代社会发展之间的关系。

学习重点：

大众媒体的类型、特征及发展脉络。

学习难点：

大众媒体在信息传播中的作用及其与现代社会的关系。

大众媒体从来都不是群众的媒体，在社会人群还以各种阶层存在的情况下，掌握信息源头和拥有传播途径控制权的还是处在金字塔尖的话语权控制者。大众媒体从出现之初就是官方媒体，或为大的传媒集团所垄断。这一点往往也成为许多学者将新媒体称为“小众媒体”或“分众媒体”的依据。

民众无法掌握被垄断的技术手段，也没有财力拥有相应的技术设备。尽管在社会发展的每一个新阶段都出现了“新媒体”，普通大众依然无力借此改变只能单向接受信息的社会地位和生存困境。但是，在现代信息传播受众的要求下，媒体控制群又必须尽可能把信息传播给大多数人以赢得利益，对利益的追寻几乎是大众媒体发布信息的最高准则。

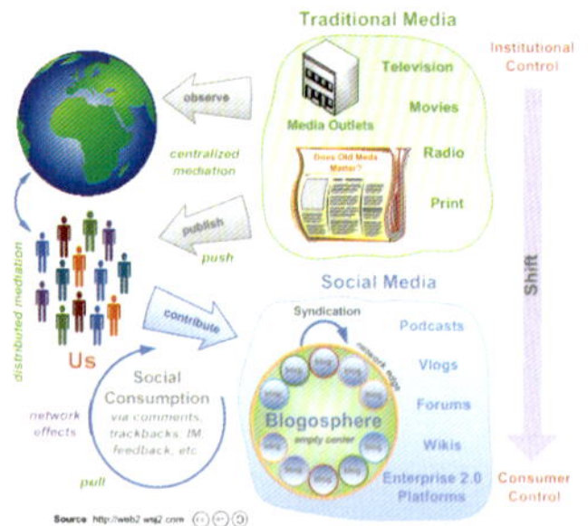

图 2-1 大众媒体进入人们日常生活之中

OTIS MONITOR

Nick Bradley:

Politics and Mass Media

by Kerri Steinberg

How many Otis students can claim their path toward Otis College of Art and Design began with a teacher named Miss Otis? A twist of fate? Perhaps. But Nick Bradley's exceptionality eschews the coincidental. His probing mind, work ethic, and willingness to take initiative have distinguished this Communication Arts sophomore as a student of remarkable talent and tenacity. Nick has wasted no time in doing what artists and designers like to do best: make their marks.

图 2-2

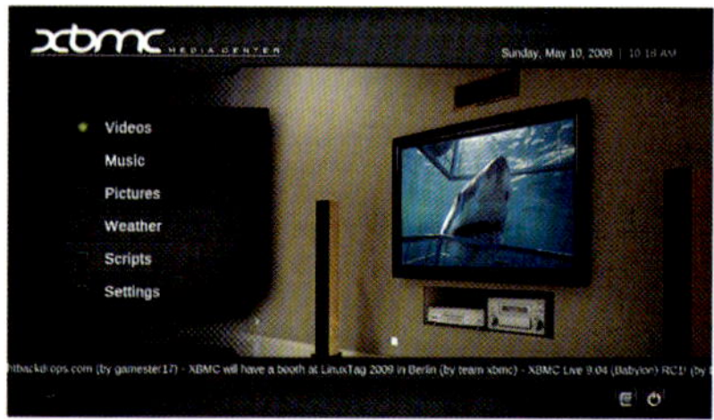

图 2-3

图 2-4 娱乐是媒体产业的重要组成部分

第一节 大众媒体总论

我们生活在一个被大众媒体所包围的世界。说起大众媒体，首先要关注的是现代机械文明的发展——大众媒体兴盛的“生产力”推动因素。没有印刷术的发展以及现代因特网技术的普及化，大众就难以进入传播平等的视野。其二，西方启蒙主义思想对人的尊重、对个体自由的崇尚是“大众”得以进入媒体传播领域的思想因素，正是由于普通人对信息获得的强烈需要以及人与人之间平等的思想之源，大众媒体才会走向当今的媒体前台，并在技术的带动下完成一次次革新。传播多样化的根本还是在于大众对信息的需求。其三，仔细分析大众媒体的实质，如果从信息源的发起和控制过程来看，“大众媒体”的字面意思和实际含义截然相反，简述之，即大众媒体的传播目的是针对大众，但实际上却又是为少数人所控制的信息传播方式。

随着信息传播越来越大众化和民主化，人自身发展的不断全面和进步，技术的不断突破，大众媒体的种类将不断增加。但是，媒体传播者的强势话语地位并没有完全改变，从本质上来说，信息受众的大众化和民主化趋势并没有改变媒体控制群的权力话语的地位。

大众媒体的垄断推动了新闻媒体的产业化。工业革命后，随着商品经济的发展，报纸的商品属性日渐突出，报业也由小生产的经营方式逐渐过渡到企业化管理，并日益成为一种有利可图且利润丰厚的资本主义行业。19世纪末，随着自由资本主义向垄断资本主义的过渡，报业资本迅速集中，出现了报业垄断组织“报团”，由此形成了媒介产业化的格局。到了20世纪末，这些报业集团更是滚动发展成为财力雄厚、多角延伸、跨国经营的媒介产业集团。例如，全球最大的传媒公司时代华纳公司在报刊、图书出版、音乐、电影和有线电视等领域都具有广泛的业务。

大众媒体或大众传媒的垄断特性决定了它作为强势媒体的客观必然性。大众传播学就是专门研究这一现代特殊传播现象规律的科学。研究传播者、信息、媒介、受传者、传播效果、信息反馈与传播政策等诸方面，以及在社会大系统下的性质、特点、作用机制。现阶段我们所讨论的大众媒体（或曰传统媒体）主要是四大媒体：报纸、杂志、广播、电视（电影）。三大类别：印刷媒体（报纸、杂志）、声音媒体（广播）、影像媒体（电视、电影）。

图 2-5

第二节 报纸

报纸是最古老也是沿用至今并不断更新的一种大众媒体。就现代报纸业来说，报纸是以报导新闻为主的一种新闻媒体的形式，这种形式的报纸还在当今媒体占有相当的分量。它是以国内外社会、政治、经济、文化等新闻为主要内容的散页的定期出版物，一般指日报，也有周报、季报、月报等多种形式。就这种报纸来说，它有一个本质特征，即必须以“纸”作为媒体载体进行信息传播。

本书要说明的报纸媒体即是指刊载内容、定期发行的一种媒介。报纸通常每天、每周，或者在其他时间有规律地发行，提供新闻、观点、特别报道和其他有关公共利益的信息。其通常刊登广告，即便是看上去很严肃的“纯新闻”报纸，也可能内含隐性广告，因为从广告学的角度看新闻，新闻是最好的广告！

一、报纸发展简史

报纸从诞生到今天已经走过了漫长的历史，如果从功能来说，公元前59年，古罗马政治家凯撒把罗马市以及国家发生的事件写在白色木板上的“告示”，即可以被看作是“报纸”。就中国而言，类似这样功能的“报纸”的出现则可以追溯到2000多年前的西汉初期（约公元前2世纪左右），它是当时的官府用以抄发皇帝谕旨和臣僚奏议等文件及有关政治情况的刊物称为《邸报》。到了明末崇祯年间，《邸报》从手抄或木刻印刷改为活字印刷，规模更大，发行量更多，后来改名为《京报》，成为官吏、学者甚至平民都能阅读的报纸了。《邸报》或《京报》一直到1911年清朝皇帝退位才停止刊行。

另有一种说法认为我国第一份官方报纸是发行于唐玄宗开元年间（公元713—742年）雕版印刷的《开元杂报》。唐人孙樵在《读开元杂报》一文中，称其外观是零散的“数十幅书”，内容“系日条事，不立首末”，所记载的大都是开元年间的朝廷政事，如皇帝起居等。

西方有不少人认为最早的报纸是古罗马政治家凯撒在公元前59年所创设的《每日纪闻》，这是一种传递紧急军情的官报，但是这种报纸的寿命不长，不久就停办了。就办报年代而言，我国的《邸报》出现在西汉初年公元前2世纪左右，比罗马共和国末期的《每日纪闻》大约要早一个世纪。

同样在西方，人们普遍认为开始印刷并发行报纸要归功于1450年德国人约翰内斯·古登堡（Johannes Gutenberg，又译谷登堡、古腾堡、古滕贝格）发明的金属活字印刷术。就世界报纸发展历史而言，世界上第一张日报在1660年发行于德国，美国的第一张报纸是在独立前的1704年，由波士顿邮局局长发行的《波士顿通讯》。第一份英语日报是从1702年发行至1735年的《时事日报》。虽然已有官方报纸在前，但J. 富兰克林的

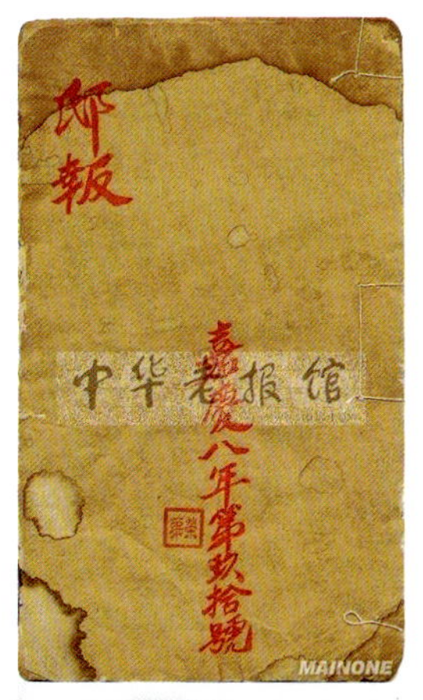

图 2-6 中国最早的报纸《邸报》

图 2-7 《人民日报》创刊号

图 2-8

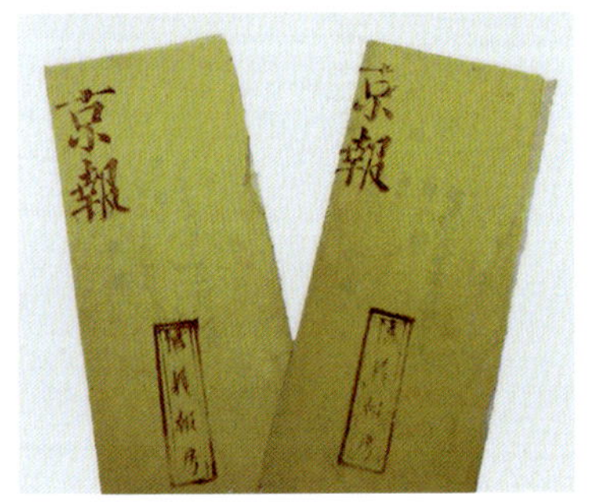

图 2-9

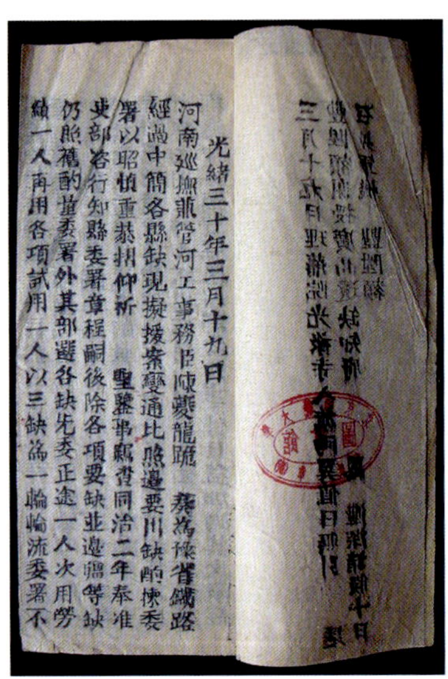

光緒三十年三月十九日
河南巡撫兼管河工事務臣陳夔龍跪　奏為豫省鐵路
經過中間各縣缺現擬援案變通比照邊要川缺酌揀委
署以昭慎重恭摺仰祈
聖鑒事竊查同治二年奉准
吏部咨行知縣委署章程嗣後除各項要缺並邊腷等缺
仍照舊酌量委署外其部選各缺先委正途一人次用勞
績一人再用各項試用一人以三缺為一輪輪流委署不

图 2-10

《新英格兰时事新闻》（出版于1721年）还是英国殖民地第一份独立的报纸。到19世纪前夕，出版自由的原则及报纸的严肃性与大众性相结合的基本准则，已在大部分的欧洲国家和美国生根。

到了19世纪，美国报纸的数量及其发行量急剧增加，这主要归因于识字率的扩大、吸引力的提升、价位低廉，以及在排字、印刷、通讯和运输等科技上的进步。到19世纪晚期，报纸已经取得了极庞大的力量，其争取读者经常导致追求轰动效应。而在20世纪，还兴起了所谓的小报、黄色新闻（yellow journalism）。自1900年起，全世界出版的报纸大幅扩张，工业文明导致报纸的商业化倾向更加明显，报纸的形式和内容被不断更新，在许多大国，报业都走上了企业化、集团化发展的道路，更是与其他新兴形式相互交融，报业的合并、重组成为媒体行业的一大特色。

19世纪末20世纪初的技术革命，使报纸真正实现了从“精英化”到“大众化”的转变。这一时期，报纸的发行量直线上升，由过去的几万份增加到几十万份乃至上百万份，读者的范围也不断扩大，由过去的政界、工商界等上层人士扩展到中下层人士，大众传播时代也得以来临。

相对于封建社会的“小众化”（贵族化）而言，资产阶级革命时期的报刊已经具有了“大众化”的倾向。工业革命促进了社会生产力的飞速发展，从而将资产阶级报业带入了一个新的时期，即以普通民众为读者对象的“廉价报纸”（亦即“大众化”报纸）时期。这一时期，由于报纸日渐迎合下层民众的口味，且售价低廉，读者范围不断扩大。然而，这一时期的“大众化”只是具有初步的形态，其发展也十分不稳定，与后来的大众化报纸不可同日而语。

19世纪大众化的廉价报纸出现以后，尤其是19世纪末报纸的“大众化”过程完成之后，报纸不再接受党派津贴而转为自由出版，独立经营。报社也不再接受任何形式的新闻检查而享有了较为充分的出版权、采访权和发布权。在内容方面，报纸以各类信息为主，尽可能地向读者提供有关各项事务的信息，并给包括各界人士在内的广大读者以充分的言论表达自由。在此过程中，报纸作为“社会公器”起到了舆论监督的作用，使资产阶级议会民主制倡导的公开、公正、公平的原则得以贯彻。与此同时，经过自身的实践，报界对资产阶级言论自由的原则进行了补充、修正，使它具有了更加丰富的内涵。

报纸在一定程度上不仅推动了资产阶级民主的发展，还推动了社会经济的发展。现代意义上的报纸产生于工业革命后资本主义经济飞速发展之时，实行企业化经营的“大众化”报纸，不得不以降低售价、刊登广告、扩大发行作为生存之道，由此而成为自负盈亏的独立的经济实体。19世纪末20世纪初，资本主义竞争日趋激烈，买方市场逐渐形成。为了在竞争中胜出，商家采取各种手段推介产品，扩大销售。在此过程中，作为大众信息载体的报纸愈发受到他们的青睐。于是，发行量大的报纸就获得了大量的广告，而广告又刺激报纸降低售价，扩大发行，赢得更多的读者。这样又能吸引更多的广告，其结果是数额巨大的广告费源源而来，成为报纸的一项主要收入。20世纪以后，随着资本主义经济的进一步发展以及生产、资本集中过程的加剧，报纸上的广告越来越多，广告收入在报社总收入中所占的比重也越来越大。以美国著名的报纸《纽约时报》为例，报纸大量刊登广告，大小广告共占报纸总篇幅的2/3；在其总收入中，30%来自报纸的发行，70%来自广告。广告"养活"了报纸，并成为了它的经济命脉。

二、报纸传播特点

其一，报纸是以纸质材料为主要传播方式，其在前电脑时代具有革命性的作用，为更多的大众接受到信息发挥了不可替代的作用。

其二，平面传播是其基本信息传播形式，其种类和样式的变化与社会对信息的需求的多样化、大众化之间的关系联系紧密，互为因果。

其三，就其信息阅读的特点来说，报纸在收藏和静态的稳定性上也有其明显的长处。报纸版式、图文的发展有其附加价值，充当了某些事件见证人的角色，更是传统阅读方式和信息传播方式的重要传承。

其四，报纸是媒体话语权的集中体现者，没有哪一种媒体形式具有报纸形式的权威性和长期性。时至今日，报纸这一媒体形式还是重要的权威信息传播渠道，其权威地位虽有所降低，但与其他传统媒体相比，其作用和效应还广泛存在。

媒介的产业化是在"大众化"的基础上形成的，它反过来又促进大众化报业的发展，使它拥有了更为雄厚的资金和更大的规模。这是因为，产业化是各种资源的优化和强化，它有助于报社更新设备，降低成本，增强竞争力；有助于报纸稳定售价，扩大发行，争取更多的广告；有助于报业经营者集中监控，统一管理。

图 2-11 商业性广告比重越来越大的新闻类报纸

图 2-12 过时报纸即为废纸

图 2-13 电脑时代报纸生存日艰

第三节 杂志

世界杂志业的发展对人类文化作出了不可磨灭的贡献。杂志（或期刊）是一种有固定刊名、定期或不定期连续出版的印刷读物，其中包含各种文章内容。杂志是一种介于书籍和报纸之间的出版物。大多数杂志的收入来源都是广告和读者的购买。期刊杂志用卷、期或者年、月顺序编号出版。

"杂志"（magazine）一词，源自法文magasin，本意是"仓库"。其原型是罢工、罢课或战争中的宣传小册子。这种

图 2-14

图 2-15

图 2-16

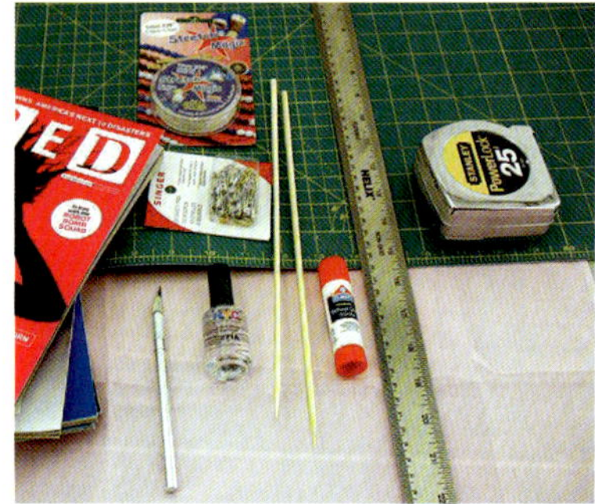

图 2-17

类似于报纸的注重时效的手册，兼顾了更加详尽的评论和更大的信息容量。所以一种新的媒体由此产生了。

一、杂志发展概况

从世界上第一份真正的期刊创刊开始，杂志已经走过了300多年的历史。杂志出现之初和报纸的功能分不清，后来报纸逐渐趋向于刊载有时间性的新闻，杂志则专刊小说、游记和娱乐性文章，在内容的区别上越来越明显。在形式上，报纸的版面越来越大，为3~5英尺，对折，而杂志则经装订，加封面，成了书的形式。

法国在17世纪初发行的小册子，出现于欧洲各书店。这种小册子，内容通常是介绍法国的书店和书籍，有点儿像书评，又有点儿像图书销售广告。世界上最早出版的一本杂志是于1665年1月在阿姆斯特丹由法国人萨罗（Denys de Sallo）出版的《学者》（Le Journal des Savants）。1704年，伦敦出版了第一种介于报纸和杂志之间的定期刊物，发行者是《鲁宾逊漂流记》的作者丹尼尔·笛福（DanielDefoe，1660—1731）。刊物名叫《评论》，篇幅为4小页，共发行9年。美国最早发行的杂志是富兰克林的《美洲》和《将军》，二者都是模仿英国杂志的月刊，同在1741年1月出版。中国最早的杂志为德国汉学家郭实腊（Karl Friedrich August Gutzlaff，1803—1851，又译郭士立）于清道光十三年（1833年）六月在广州创办的《东西洋考每月统记传》，其发行时间延续5年多，版式采用中国传统书本样式，刊期使用皇帝年号纪年。1731年，爱德华·凯夫（Edward Cave，1691—1754）在伦敦出版了《绅士杂志》，这是世界上第一本以"杂志"一词命名出版的刊物，该词后来被正式沿用为各种刊物的通称。

二、杂志的分类

杂志包罗万象，有医疗卫生、农业科学、工业技术、哲学政法、社会科学、经济财政、科教文艺、基础科学等门类，与"杂志"一词的本意名实相符。其种类繁多，目前尚无统一的分类法。依不同的分类标准，可以得到各种不同的分类。

1. 按内容分，可将杂志分为综合性期刊与专业性期刊两大类。

2. 按学科分，可将杂志分为社科期刊、科技期刊、普及期刊等三大类。而社科期刊中，又可分成新闻类、文艺类、理论类、评论类等；科技期刊可分成理科类、工科类、天地生化类等；普及期刊可分成知识类、娱乐类、科普类等。对于新闻类、理论类期刊等又可一步步地分下去。

3. 按时间分，可将杂志分为周刊、半月刊、月刊、双月刊、季刊、半年刊、年刊等。

4. 按读者对象分，可将杂志分为儿童杂志、青年杂志、少年杂志、妇女杂志、老人杂志、工人杂志、农民杂志、干部杂

志、知识分子杂志、军人杂志等。

5. 按文种分，可将杂志分为中文杂志、英文杂志、日文杂志、俄文杂志等。

6. 按开本分，可分为大16开、16开、大32开、小32开等。

7. 按发行范围分，可分为内部发行、国内公开发行、国内外公开发行等。

8. 按发行方式分，可分为邮发杂志和非邮发杂志。

9. 按杂志的性质分，则可分为学术性期刊、技术性期刊、普及性期刊、教育性期刊、情报性期刊、启蒙性期刊、娱乐性期刊等等。

三、杂志的优缺点

相对于报纸而言，杂志还具备以下特征：

其一，就信息传播量来说，杂志优势明显。它可以承载一系列或多个系列相叠加的信息内容，尤其是与报纸区分以后，其书籍的基本装订形式和“杂”的特点更为明显。

其二，杂志的深度和信息密集度比报纸更高。它可以较为集中和深入地论述某一个问题或现象，又可以根据自身的价值取向进行有选择性的评述和探讨，有效地弥补了报纸信息容量的不足和短平快的疏漏。

其三，杂志的专一性比报纸更强。杂志继报纸后成为重要的平面媒体的原因之一，就在于它可以在某一个问题中进行充分的、具有自身特色的信息收集，形成在某一专业领域的经典地位，同时，又没有必要承担专门书籍的深度性上的压力。

其四，杂志在时效性和新闻性等要素上比报纸要弱。这一点可以理解，正是因为杂志在信息含量和深度上的收集时间的延展性，决定了其时效性和新闻性不如报纸，但也正是这个特点，使得杂志可以就某一当下问题进行深度挖掘。

第四节　广播

广播（broadcasting）是多点投递的最普遍形式，它向每一个目的站投递一个分组的拷贝。它可以通过多个单次分组的投递完成，也可以通过单独的连接传递分组的拷贝，直到每个接收方均收到一个拷贝为止。

一、广播发展简介

广播诞生于20世纪初。1906年圣诞节前夕，美国的费森登和亚历山德逊在纽约附近设立了一个广播站，并进行了有史以来第一次广播。1908年，美国的弗雷斯特又在巴黎埃菲尔铁塔上进行了一次广播，被那一地区所有的军事电台和马赛的一位工程师所收听到。1916年，弗雷斯特又在布朗克斯新闻发布局的一个试验广播站播放了关于总统选举的消息，可是在当时只有极少数的人能够收听这些早期的广播。世界上第一座领有执

图 2-18

图 2-19

图 2-20

图 2-21

图 2-22

图 2-23 曾经最重要的大众媒体

图 2-24

图 2-25

照的商业电台是美国匹兹堡西屋电气公司开办的KDKA电台，于1920年11月2日正式开播。到1922年，美国的广播电台已发展到500家。1922年，法国巴黎埃菲尔铁塔的无线电台正式播音，这一年年底，英国广播公司（BBC）也在伦敦正式开播。

在我国，1922年底，美国记者奥斯邦为推销无线电器材，在上海开办“中国无线电公司”，成为我国境内的第一座电台。随后，几家外商开办的电台相继开播。中国人民广播事业创建于1940年12月，即中央人民广播电台的前身——延安新华广播电台。

二、广播概念解析

从字面分析，广播的内涵包括：

1. 广播电台、电视台发射无线电波，利用无线电或电视信号对大众播送节目。

2. 广播电台或有线电播送的节目，如：准点广播消息。

3. 广泛播扬，广泛传播。

从传播手段看，广播分两大类：通过无线电波传送节目的，称无线广播；通过导线传送节目的，称有线广播。

从传播媒介看，广播也可分两大类：传送声音的，称为声音广播，简称广播；传送声音、图像的，称为电视广播，简称电视。

从技术角度讲，广播是通过无线电波或导线传送声音、图像的新闻传播工具。

三、广播传播特点

广播作为多点传播和声音传播的重要形式，历史悠久，与传统传播方式间的传承也颇为密切，其特点是：

其一，广播传播作为声音传播的最早和最有历史传承的信息传播形式，延续了口口相传、口头广告等一切声音传播方式，比电影以及现代的新媒体更与传统传播方式有渊源。

其二，在声音传播形式中，广播至今为止还是重要形式之一，广播媒体所形成的技术等已经内化成譬如电影、电视、网络等更高级传播方式的要素。

其三，广播媒体的发展和现代科学技术之间关系密切，其形式的变化和现代社会需求的发展变化相适应。

其四，传统意义上的广播的优势是对象广泛，传播迅速，功能多样，感染力强；短处是一瞬即逝，顺序收听，不能选择，语言不通则收听困难。网络广播上线后，听众自由点播也就成为了可能，但广播作为大众媒体的影响力却大为削弱。

第五节 电影

电影是由活动照相术和幻灯放映术结合发展起来的一种现代艺术。它是一门可以容纳文学、戏剧、摄影、绘画、音乐、舞蹈等多种艺术的综合艺术，但又具有其个性特征。电影在艺术表现力上不但具有其他各种艺术的多种特征，又因可以运用

蒙太奇这种艺术性极强的电影组接技巧，具有超越其他一切艺术的表现手段。

电影放映的原理是用灯光把拍摄的形象连续投射到布幕上，应用视觉暂留的心理学体验从而再现了活动的形象。其基本形式包括：motion picture，即指活动画面；film，即胶片，强调电影的媒介特征；cinema则专指艺术电影；movie经常指好莱坞商业电影。日本也称映画（eiga，Japanese cinema）。

电影是一种以现代科技成果为工具与材料，运用创造视觉形象和镜头组接的表现手段，在银幕的空间和时间里，塑造运动的、音画结合的、逼真的具体形象，以反映社会生活的现代

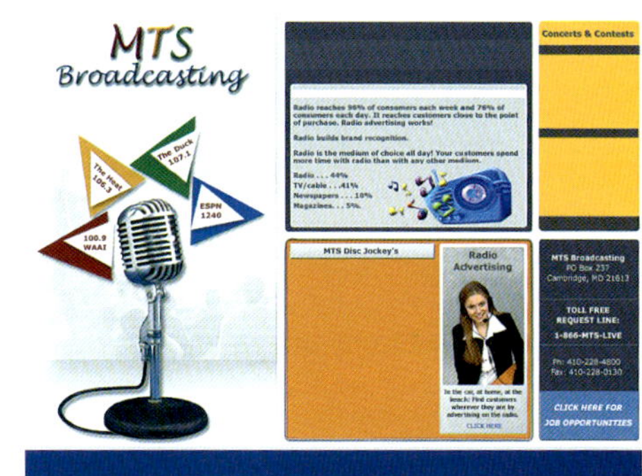

图 2-26

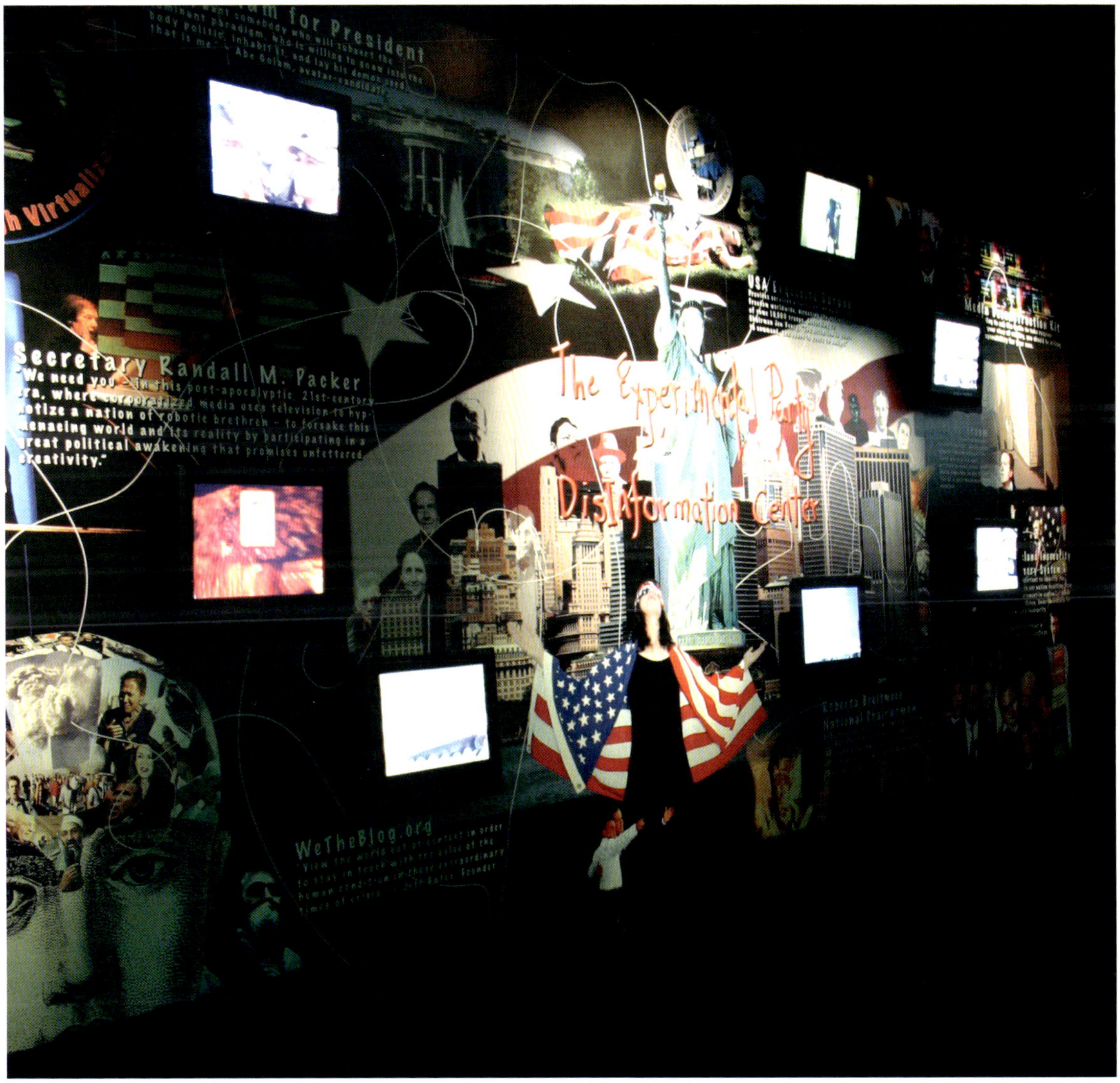

图 2-27

图 2-28 连续电影胶片（菲林）

图 2-29 卢米埃尔兄弟

图 2-30

艺术。电影能给人以逼真感、亲近之感，因而可以成为一种人们希望主动接触的媒体。

一、电影原理与诞生

公元前5世纪就有文字记载墨子关于“光至景（影）亡”的学说，这是人类对“光学理论”的最早、最科学的贡献。而产生于汉武帝时期，并在唐宋以后广为流传的“灯影戏”，则是对“光学理论”的最初、最朴素的应用与实践。13世纪时，“灯影戏”传入中东、欧洲、东南亚等地，这便产生了以后的“幻灯”和“走马灯”形象。

早在1829年，比利时著名物理学家约瑟夫·普拉多（Joseph Prado）发现：当一个物体在人的眼前消失后，该物体的形象还会在人的视网膜上滞留一段时间。这一发现，被称之为“视觉暂留”（persistence of vision）。普拉多根据此原理于1832年发明了“诡盘”。“诡盘”能使被描画在锯齿形的硬纸盘上的画片因运动而活动起来，而且能使视觉上产生的活动画面分解为各种不同的形象。1834年，美国人霍尔纳的“活动视盘”试验成功；1853年，奥地利的冯·乌却梯奥斯将军在上述发明的基础上，运用幻灯，放映了原始的动画片。

摄影技术的改进是电影得以诞生的重要前提，也为电影的发明提供了必备条件。1826年，法国科学家约瑟夫·尼埃普斯（Joseph Nicé phore Ni é pce）在他的家中拍摄出了世界上第一张照片《窗外的景》，曝光时间8小时。而在初期的银版照相出现以后，一张照片的拍摄时间缩短至30分钟左右，由于感光材料的不断更新使用，摄影的时间也在不断缩短。1840年拍摄一张照片仍需20分钟，但到了1851年，湿性珂珞酊底版制成后，摄影速度就缩短到了1秒。1872年至1878年，美国旧金山的摄影师爱德华·慕布里奇用24架照相机拍摄飞腾的奔马的分解动作组照，经过长达6年多的无数次拍摄实验终于成功，接着他又在幻灯上放映成功，即在银幕上看到了骏马的奔跑。受此启发，1882年，法国生理学家马莱改进了连续摄影方法，试制成功了“摄影枪”，并在另一位发明家强森制造的“转动摄影器”的基础上，又创造了“活动底片连续摄影机”，1888年9月，他把利用软盘胶片拍下的活动照片献给了法国科学院。

在1888—1895年期间，法、美、英、德、比利时、瑞典等国都有拍摄影像和放映的试验。1888年，法国人雷诺试制了“光学影戏机”，并用此机拍摄了世界上第一部动画片《一杯可口的啤酒》。1889年，美国发明大王爱迪生在发明了电影留影机后，又经过5年的实验，发明了电影视镜。他将摄制的胶片影像在纽约公映，轰动了美国。但他的电影视镜每次仅能供一人观赏，一次放几十英尺的胶片，内容是跑马、舞蹈表演等。他的电影视镜是利用胶片的连续转动，造成活动的幻觉，可以说最原始的电影发明应该是属爱迪生的。他的电影视镜传到我国后被称之

为“西洋镜”。

法国的奥古斯特·卢米埃尔（Auguste Marie Louis Nicholas，1862—1954）和路易·卢米埃尔（Louis jear，1864—1948兄弟）（合称卢米埃尔兄弟），在爱迪生的发明和他们自己研究的基础上，研制成功了“活动电影机”。“活动电影机”有摄影、放映和洗印等三种主要功能。它以每秒16画格的速度拍摄和放映影片，图像清晰稳定。1895年3月22日，他们在巴黎法国科技大会上首放影片《卢米埃尔工厂的大门》获得成功。同年12月28日，他们在巴黎的卡普辛路14号大咖啡馆里，正式向社会公映了他们自己摄制的一批纪实短片，有《火车到站》《水浇园丁》《婴儿的午餐》《工厂的大门》等12部影片。当时，卢米埃尔兄弟向大众展现火车进站的画面时，观众被几乎是活生生的影像吓得惊惶四散。卢米埃尔兄弟是第一个利用银幕进行投射式放映电影的人。因此，史学家把1895年12月28日世界电影首次公映之日即定为电影诞生之时，卢米埃尔兄弟自然当之无愧地成为“电影之父”。

电影诞生后便漂洋过海来到中国。1896年8月10日到14日，《申报》连续刊登了徐园的电影广告：“西洋影戏客串戏法，定造新样奇巧电光焰火……陈设各种古玩，异果奇花，群芳谱曲，以助雅兴。”1905年秋，北京丰泰照相馆的任景丰在北京拍摄了中国第一部无声戏剧舞台纪录电影《定军山》，这件事被认定为中国电影诞生的标志。

从此，由卢米埃尔兄弟所启动的活动摄影（cinematogrphy）不只在人类纪实工具的发展史上展现了划时代的意义，电影也成为了那个时代的大众媒体，一部电影公映后几乎可以引起全城甚至全国人、全世界人的热议。当电影有意无意地加入了政治或商业元素之后，电影的媒体传播平台的作用至此确立。

二、电影媒体特性

电影的媒体承载作用在电视发明并普及之后有所削弱。电影作为媒体的意义在于：

其一，电影开辟了媒体传播的新样式和新时代，其又与传统传播方式有密切的关联。

其二，电影是综合艺术，其结合了平面媒体的文字、摄影、语言、色彩以及现代技术等诸多元素，可以说是集现代社会大成的媒体和艺术形式，有极高的审美享受性。

其三，电影集中调动了受众的听觉、视觉、触觉等多种感知形式，是全方位的传播方式。

其四，电影的时尚性使得电影更能生动地反映时代变化的原貌，其综合性的、集粹式的传播特质使得电影从诞生之初就与时代紧密结合、相互辉映，其受欢迎的程度决定了其表现手法和形式的不断变幻有了现实的动力基础，成为了现代传播媒体中极具生命力和历久弥香的传播方式。

图 2-31

图 2-32

图 2-33

图 2-34

图 2-35

图 2-36

第六节 电视

电视（television）是利用电子设备传送活动图像的技术。由发射台把实物影像变成电能信号传播出去，电视机（TV set）则把收到的信号再变成影像映在荧光屏上。接收无线电波传送物体影像的装置，即电视节目接收机。

同电影相似，电视也是利用人眼的视觉残留效应使一帧帧渐变的静止图像，形成视觉上的活动图像。电视系统的发送端把景物的各个微细部分按亮度和色度转换为电信号后，顺序传送。客户接收端解码后重现整幅影像。

一、电视发展简论

纵观电视的发展过程，电视的发展纷繁复杂——几乎是同一个时期有许多人在作同样的研究。1883年圣诞节，德国电气工程师尼普柯夫用他发明的“尼普柯夫圆盘”并使用机械扫描方法，作了首次发射图像的实验。每幅画面有24行线，虽然图像相当模糊，但却是电视的肇始。1900年，“television”一词就已经出现。1908年，英国肯培尔·斯文顿、俄国罗申克无提出电子扫描原理，奠定了近代电技术的理论基础。人们通常把1925年10月2日苏格兰人约翰·洛吉·贝尔德（John Logie Baird）在伦敦的一次实验中“扫描”出木偶的图像看作

是电视诞生的标志。当时画面分辨率仅30行线，扫描器每秒只能5次扫过扫描区，画面本身仅2英寸高，1英寸宽。因而贝尔德也被称为“电视之父”。但是，这种看法是有争议的。因为同一年，美国人斯福罗金（Vladimir Zworykin）在西屋公司（Westinghouse）也向他的老板展示了他的电视系统。尽管时间相同，但是二者的电视系统是有着很大差别的。历史上将贝尔德的电视系统称作机械式电视，而斯福罗金的系统则被称为电子式电视。这种差别主要是因为传输和接收原理的不同。美国无线电公司（Radion Corporation of America，简称RCA）1939年推出世界上第一台黑白电视机，到1953年设定全美彩电标准以及1954年推出RCA彩色电视机。

图 2-37 作为家庭“中心”的电视

对中国电视业而言，1934年，孙明经在南京中央大学理学院作为杨简初的助手，研制出中国第一套可摄像、传输、接受并播放的电视原理样机。杨简初则将“电视”确定为“television”在中文中的对应名称。1939年，孙明经把“电视”列为金陵大学“电影工程”课的第十三部，“电视”正式成为中国的大学课程。

二、依然强势的电视

电视既指电视节目又指电视机，但作为媒体的电视是电视台，其有效媒介是电视广告。

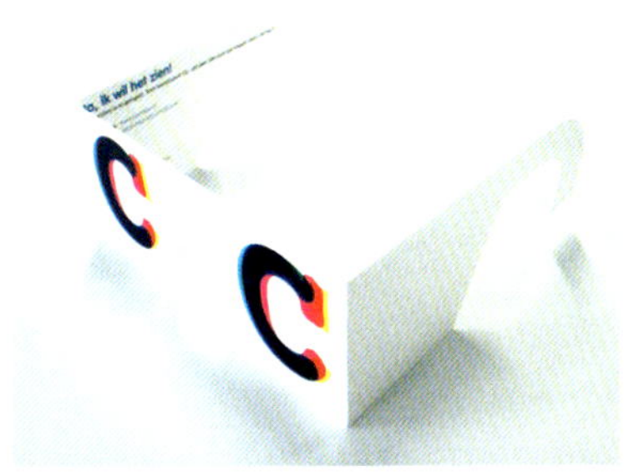
图 2-38 立体电影、电视眼镜

电视首先在广播上得到应用，后又逐步推广于工业、军事、通信、医疗和科研教育等多方面。开始人们并不认为这个缩小版的电影有什么独到之处，时至今日，电视已成为毫无争议的“第一强势媒体”，尽管网络媒体的力量逐渐加强，却依然未能撼动其媒体霸主地位。客户媒体预算的主要部分依然投向了大大小小的电视台。

狭义的电视广告似乎特指新闻、电视剧之间插播的商品广告。实质上的电视广告内容要多得多，甚至新闻、电视剧本身也是广告，而且是更为有效的“隐形”广告和“软”广告。

图 2-39 电视媒体工作人员

电视媒体相对于电影来说，其特征在于：

其一，它是目前传播范围最广，覆盖群体最多，最能体现现代社会大众化信息传播需要的媒体形式，其技术的普及决定了电视能进入寻常百姓家，就目前而言，比互联网更有大众特征。

其二，电视媒体由于播出时间的长效和多样性、节目类型的丰富性，使得它能更全面地面对各种受众，发挥比电影更强和更广的传播功能。

图 2-40

第七节　已谢幕的媒体

科技的进步推动了社会的发展，自然也会淘汰一些落后于时代的旧事物。许多红极一时的媒体都被时代所淹没。

图 2-41 早期家用黑白电视机

一、电报

电报，就是用电信号传递的文字信息。电报是通信业务的一种，是最早使用电进行通信的方法。它利用电流（有线）或电磁波（无线）作载体，通过编码和相应的电处理技术使人类实现了远距离传输与交换信息。

电报的基本原理是：把英文字母表中的字母、标点符号和空格按照出现的频度排序，然后用点和划的组合来代表这些字母、标点和空格，使频度最高的符号具有最短的点划组合；“点”对应于短的电脉冲信号，“划”对应于长的电脉冲信号；这些信号传到对方，接收机把短的电脉冲信号翻译成“点”，把长的电脉冲信号转换成“划”；译码员根据这些点划组合就可以译成英文字母，从而完成了通信任务。

电报通信是在1837年由美国S.F.B.莫尔斯首先试验成功

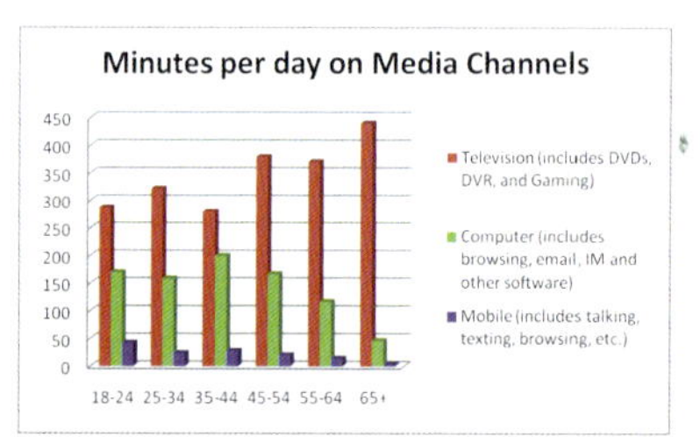

图 2-42

图 2-43

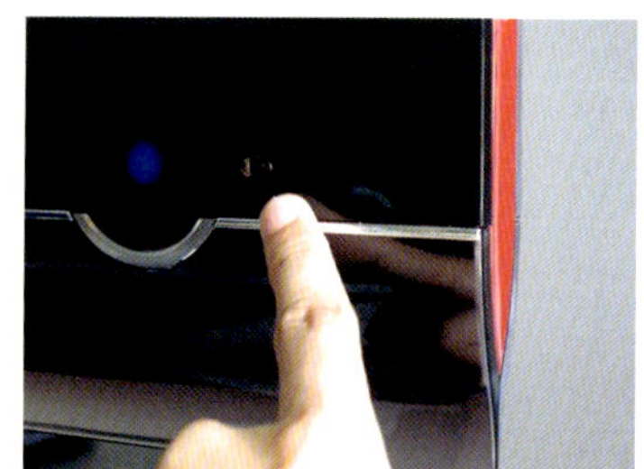

图 2-44

图 2-45

图 2-46

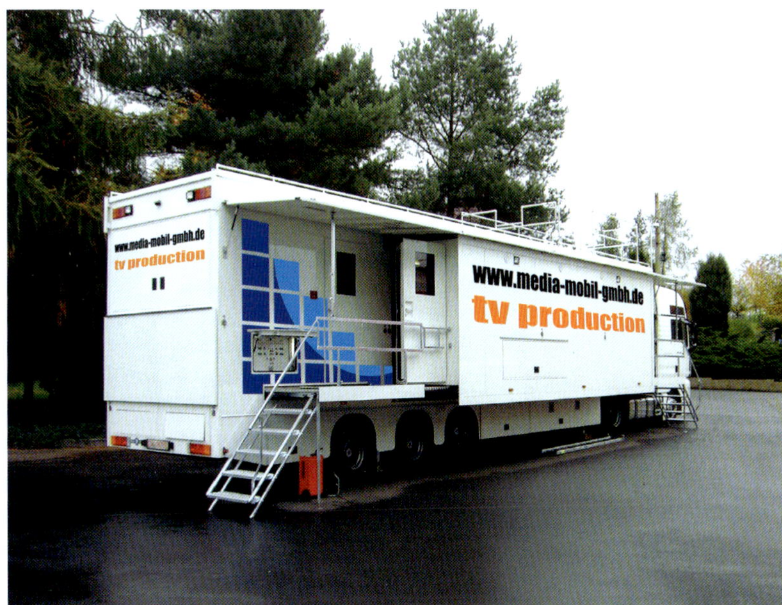

图 2-47 电视信号转播车

图 2-48

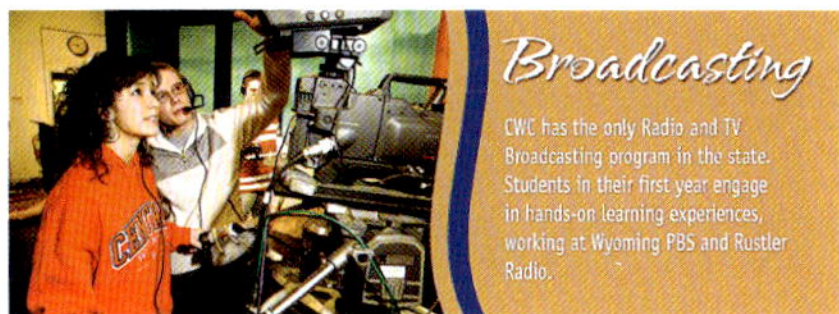

图 2-49

图 2-50

图 2-51 媒体制作人员

图 2-52

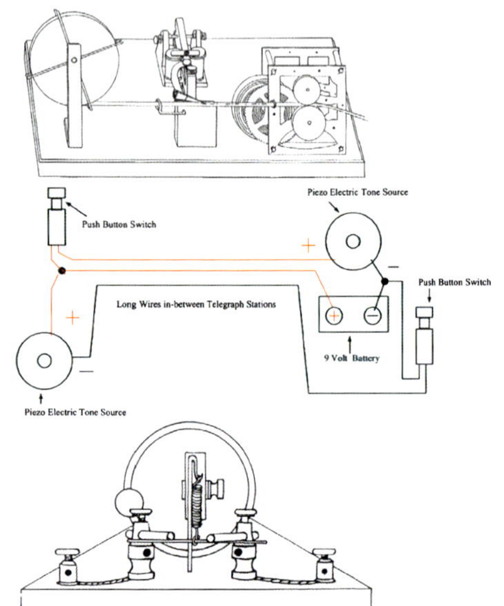

图 2-53 电视传播原理

图 2-54

图 2-55 黑胶唱片也成为了古董收藏

的。电报大大加快了消息的流通，是工业社会的一项重要发明。早期的电报只能在陆地上通讯，后来使用了海底电缆，开展了越洋服务。到了20世纪初，开始使用无线电拍发电报，电报业务基本上已能抵达地球上大部分地区。电报主要是用来传递文字讯息，使用电报技术传送图片称为传真。

电报稿的结构很像书信、便条，但是，在电报稿中，这些格式的书写比较简单，且有些常被省略，如称呼、提称语、末启辞等，自称与署名有时二者取其一便可，至于时间、印信辞，有时也可省略。电报传送的技术复杂，手续较多，因此费用也较高。拍发电报收取的费用是按电报的字数计算出来的，字数越多，收费越多，所以，电报稿的写作，在考虑完整地表达旨意的同时，还必须考虑尽量精简字数以节省费用——中国的语文教学和高考都曾专设这一教学考试内容。如今在通讯越来越迅捷的时代，电报的作用已经不是很大，电报和手写邮件一样已逐渐从我们的生活中消失了。

二、BP机

“前手机时代”是BP机（Beep Pager）的天下。这种寻呼机也叫传呼机、CALL机、BB机，简称呼机，是手机之前通行的通讯工具。1948年，美国贝尔实验室研制出世界上第一台寻呼机，取名为Bell Boy。进入20世纪70年代后，新技术的使用，为寻呼机的大规模推广奠定了基础。1983年，上海开通国内第一家寻呼台，BP机进入中国。这个小方盒子也就成为20世纪末在中国和亚洲甚至全世界广泛使用的交流工具。1998年，中国寻呼机用户突破6500万，名列世界第一。

BP机开创的即时通信，第一次将人们带入了没有时空距离的年代，大大提高了人们的生活、工作效率，但也让人无处可藏。寻呼机满足了人们在移动中的即时通信的要求，它的出现加快了信息传播的速度，使得生活更为方便惬意，工作效率也有明显的提高。

寻呼机问世之初身价不菲，动辄四五千元的价格使得它

图 2-56

成为了当时身份和地位的象征。在寻呼机兴起的同时也出现了另一种更能代表财富的通信工具“大哥大”。于是，“腰别BP机，手持大哥大”是那个时代最令人崇拜的形象写照。

寻呼机收到信号后发出音响或产生震动，并显示有关信息。这种可以显示文字的机器就成为了信息传播的载体。当手机逐渐成为老百姓最常用的通讯工具之后，BP机逐渐退出了属于它的一度辉煌的传媒大舞台。2006年5月，北京市通信管理局就批准了中国联通北京分公司停止126、128、129本地寻呼业务的方案，之后全国的寻呼台相继停止运营。如今“寻呼时代”已渐行渐远，只有极少数人继续使用以接收股票行情和天气预报，其作用已与一只老掉牙的手表没有什么分别了。

图 2-57 早期通讯设备

图 2-58

作业与要求：

以某一大众媒体为例，结合自身感受，论述其特征。要结合本章学习的重难点、目的和要求进行论述，做到前后呼应。

思考题：

1. 各种媒体形式与科技、社会发展的内在联系是什么？
2. 为什么电视依然是最强势的媒体？

第三章 新媒体

学习目标：

了解新媒体的类型、特征和发展趋势，了解新媒体与现代社会技术、经济、文化等发展的相互关系，努力结合各种新媒体使用过程中的实际感受，熟练分析各种新媒体的特色和功能。

学习重点：

新媒体的类型、特征以及新媒体和现代社会发展之间的关系。

学习难点：

新媒体各自技术特性描述，明确区分新媒体与传统媒体之间的差异。

第一节 基于网络传播

随着互联网的迅猛发展，网络传播也得到了飞速发展，并代表着一种确实存在于日常生活当中的且不断更新、进步的新媒体形式。网络传播作为一种全新的现代化传播方式，有着与传统媒体截然不同的新特征。网络传播给我们的时代提供了最快捷、便利的传播方式，是人类有史以来增长最快的传播手段。

一、新媒体之辩

20世纪60年代以来，随着通信技术和计算机的发展，兴起了各种新的信息媒体形式，被称之为新媒体。1967年，美国哥伦比亚广播公司第一次提出“新媒体”（New Media）一词；1969年，美国传播政策总统特别委员会递交的“罗斯托报告”中，也多处使用了“新媒体”这一概念。

2009年1月9日中国信息产业部开始发放3G牌照，中国进入

图 3-1

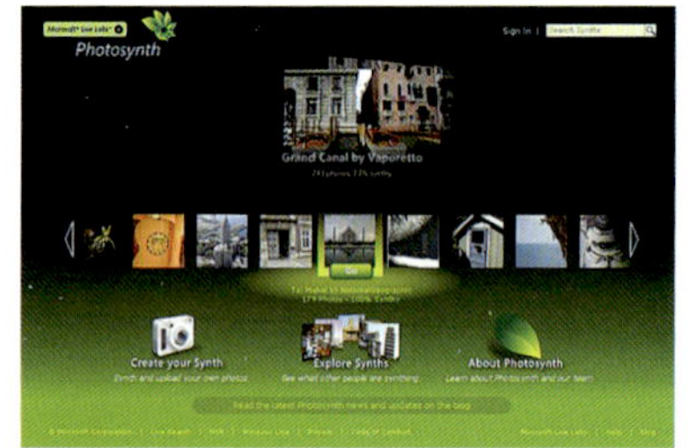
图 3-2

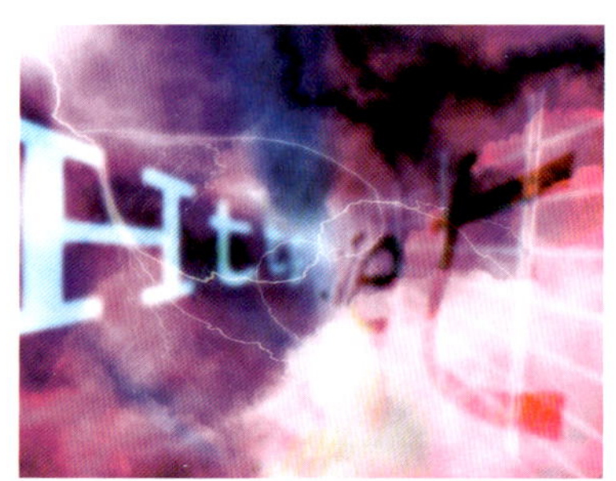
图 3-3

图 3-4

了3G时代。若从全球信息技术发展来看，中国的3G技术并不是最新的。但从媒体研究必定要立足于本国国情的角度来看，一种新技术只有被民众广泛使用了才能成为一种新媒体。

根据政府认可的中国互联网络信息中心发布的报告，中国网民的数量已超过美国总人口数。

报告显示，截至2009年6月底，中国网民人数已达3.38亿，较2008年底上升13.4%，2009年底到2010年初，中国网民总数有望突破4亿规模。这一数据表明，网络已不仅是“新”媒体，而且是有着强劲发展势头的“大众”媒体。

有关“新”媒体的界定大致有三种观点：

其一，从时间序列上来看，最近出现的就是新的。

其二，以电子计算机和网络的应用为基础的媒体就是新媒体。尽管从时间上来看，计算机已经出现了几十年，并不是新生事物了。

其三，整合多种媒体手段，尽管本身并不是最新的技术手段。

更多时候新媒体被定义为“互动式数字化复合媒体”。本书所研究的新媒体主要就是指网络媒体，当然也包括利用传统技术手段进行的发布手段的创新（如楼宇电视）。新媒体是新的技术支撑体系下出现的媒体形态，如数字杂志、数字报纸、数字广播、手机短信、移动电视、网络、桌面视窗、数字电视、数字电影、触摸媒体等。相对于报刊、户外、广播、电视四大传统意义上的媒体，新媒体被形象地称为“第五媒体”。

新媒体就是能对大众同时提供个性化的内容的媒体，是传播者和接受者融会成对等的交流者，而无数的交流者相互间可以同时进行个性化交流的媒体。

现今“新媒体”的研究对象主要包括：数字电视、移动电视、手机媒体、IPTV、博客和播客等。

二、网络传播的特质

网络传播是以全球海量信息为背景，以海量参与者为对象，参与者同时又是信息接收与发布者并随时可以对信息作出反馈，它的文本形成与阅读是在各种文本之间随意链接中完成的。因而网络传播有三个基本的特点：全球性、交互性、超文本链接方式。

网络传播的出现和发展，拓宽了传播的广度和深度，打破了以往人类多种信息传播形式的界限，它既可以实现面对面传播，又可以实现点对点传播。当信息面对多个上网用户传播时，网络传播可谓是真正的大众传播工具，而个别独立的上网用户之间的交流可谓是点对点的人际传播，网络传播将人际传播和大众传播融为一体。这种全新的、特殊的传播方式使传统的大众传播理论面临挑战。网络传播融合了大众传播（单向）和人际传播（双向）的信息传播特征，在总体上形成一种散布

型网状传播结构，在这种传播结构中，任何一个网结都能够生产、发布信息，所有网络生产、发布的信息都能够以非线性方式流入网络之中。网络传播兼有人际传播与大众传播的优势，又突破了这两种传播方式的局限。

网络传播具有人际传播的交互性，受众可以直接迅速地反馈信息，发表意见。同时，网络传播中，受众接受信息时有很大的自由选择度，可以主动选取自己感兴趣的内容。网络传播突破了人际传播一对一或一对多的局限，在总体上，是一种多对多的网状传播模式。

三、造就新传播模式

对于传统的大众传播媒体来说，社会控制不难实施。国家和政府通过规定大众传播体制，制定有关法律、法规和政策，来保障媒介活动为国家制度、意识形态以及各种国家目标的实现服务。这其中包括对媒体的活动进行法制和行政管理，对媒体的创办进行审批登记，限制或禁止某些信息内容的传播，分配传播资源等等。

现在，对于无边无际的网络世界而言，这种实实在在的社会控制几乎无法做到。由于网络传播容量的无限性，物质载体的无形性，仅从技术上来看，要想控制网络传播是很困难的。每天互联网上都会有成百成千的新网站出现，要想控制住每一个网站对信息的传播几乎是不可能完成的任务。国家无法对其逐一进行审批登记，也无法用经济力量对其进行控制（建立一个网站所需的资金非常少），甚至想要限制或禁止某些信息的传播，也都不可能完全做到。

在传统的“沙漏式”传播模式下，记者和编辑站在把关人的岗位上，控制着新闻信息的生产与传播，决定着从四面八方涌来的新闻的命运：让哪些新闻通过这个狭窄的“漏口”传播出去；哪些新闻不能传播，就地“雪藏”或“封藏”。不仅如此，他们还担负着“议程设置”的职责，即将某信息放在何版面（节目）位置刊播、设计多大版面（节目时间）刊播、以什么方式组织报道，等等。

由于网络新闻传播较之传统新闻媒体在传播属性上所具有的种种差异，因而在互联网的新闻传播领域，以往一些传统的新闻理论与新闻实践的界线正在变得模糊以至消失。

一是新闻传播的区域界线。新闻信息一经上网，在空间上立即可以覆盖全球，成为在全世界范围内传播的信息。

二是发布信息的时间界线。一个网络新闻媒体可以按照不同的时间梯度发布信息，即时更新、日更新、周更新、月更新会并存于一个新闻网站中。以往新闻传媒特别是报刊媒体的刊期界线，在网际信息传播中已经开始消失。

三是各类传媒信息传播方式的界线。网络新闻传播可以同时调动文字、图片、声音和影像手段，增强传播效应，同时，

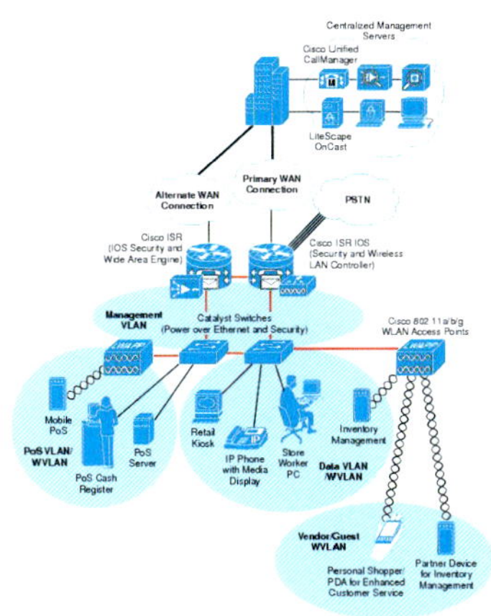

图 3-5

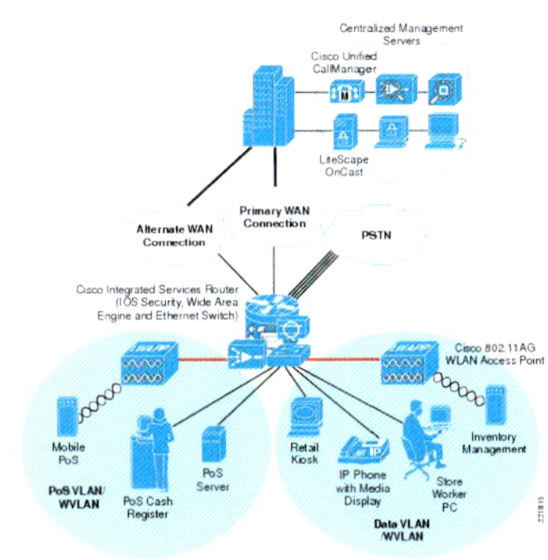

图 3-6 网络传播示意图

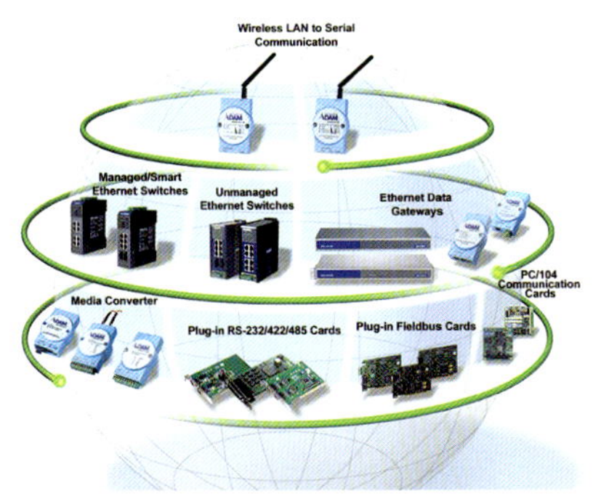

图 3-7 无线网络传播设备

图 3-8

图 3-9 搜索使得网络信息不再混乱

还可以在网上运行各种内容丰富的信息数据库。以往报刊、广播和电视等各种新闻传播媒体独有的优势，在网际新闻传播中已经开始融为一体。

新的网络传播媒体形式的出现促成了“网络传播学”、“网络媒体学”的产生。网络传播学的研究对象是人类网络传播活动，而人类网络传播活动无疑是一种社会现象。虽然网络传播学的研究要涉及大量的技术问题，但是，这改变不了网络传播学的社会科学性质。

网络传播学是传播学的一个分支，是传播学的子学科。如果拓展相关研究视野，与网络传播学相关的学科主要有：传播学、政治学、社会学、心理学、新闻学、经济学、计算机科学等。

第二节　电子出版物

电子出版物是以数字代码方式将图、文、声、像等信息存储在磁、光、电介质上，通过计算机或者具有类似功能的设备阅读使用，用以表达思想、普及知识和积累文化，并可复制发行的大众传播媒体，互动光盘、E-BOOK、E-MAG、E-PAPER等就是这种电子出版物的表现形式。目前人们的阅读已经进入电子时代，电子出版物将有力地取代纸质出版物，进而改变当今人们的阅读方式。央视知名评论人郑根岭在《新闻评论新态势的观察与思考》一文中有预见性地指出：“从长期看，日报会逐渐消亡，时评全部将转移到网上。”原因是：“日报浪费大，浏览不便，许多内容缺乏趣味性。但网络可以替代报纸的新闻信息传送，变得轻巧、节约环保。未来即便纸质日报不完全消亡，恐怕也不大可能通过报摊零售，而会通过速递寄送给极少数执着的订阅者。这样一来，报纸印刷量变小，就无法获得规模经济优势。至于全国性跨地区发行的日报，恐怕早已不在，报纸的言论版当然也就消失了。”

我们发现，这种趋势首先在富于创新精神的美国迈开了第一步。2009年3月18日，美国创刊已有146年历史的《西雅图邮报》印出最后一期报纸，而后告别“纸质新闻”时代。2009年8月19日美国最受欢迎的综合性刊物《读者文摘》，负债22亿美元并申请破产保护。一叶知秋，网络化将成为纸媒的发展方向。纸媒竞争不过网媒已经成为事实，之所以如此，是由如下一系列因素决定的。

图 3-10

一、电子出版物的特点

1. 超链接
2. 信息量很大
3. 专题信息
4. 图文并茂
5. 互动良好

二、电子出版物的优点

1. 载体容量大，体积小，成本低；
2. 复制和保存相当容易，环境污染小；
3. 利用导航机制，检索容易；
4. 主要以光盘为主，也包括一些掌上电子设备等；
5. 网络出版，信息存储于网络服务器的硬盘中，可通过互联网远程调阅。

三、电子出版物的缺点

1. 长时间阅读容易疲劳；
2. 人们的创造性联想被削弱；
3. 依赖于电源、计算机、网络和特定的设备，全面推广并不容易。

第三节 手机传媒

手机的普及和使用是现代人的身份特征之一，人们出门会忘带身份证，却几乎不敢不带手机。移动电话、行动电话等都是对手持式移动电话机的称谓，通常简称为手机。而在港台地区通常称其为手提电话、手电，早期又有“大哥大”的俗称，是可以在较广范围内使用的便携式电话终端。

手机外观上一般都应该包括至少一个液晶显示屏和一套按键（部分采用触摸屏的手机减少了按键或不用）。多媒体手机除了典型的电话功能外，还包含了游戏机、MP3、照相机、摄影、录音、GPS等更多的功能，有向带有手机功能的PDA（Personal Digital Assistant，掌上电脑）发展的趋势。在互联网技术和手机通信技术的飞速发展下，手机也渐渐成为一种重要的媒体载体，截至2009年8月，中国手机网民规模就已达1.8亿（资料来源：中国互联网络信息中心，CNNIC）。

一、1G

第一代手机（1G）是指采用模拟技术的移动电话，也就是在20世纪八九十年代的影视作品中出现的“大哥大”。最先研制出移动电话的是美国摩托罗拉公司的Cooper博士。由于当时的电池容量有限且受模拟调制技术需要硕大的天线和集成电路等条件的制约，这种手机外表四四方方，只能称得上可移动，算不上便携。很多人称呼这种手机为“砖头”或是黑金刚等。

这种手机有多种制式，如NMT，AMPS，TACS，但是基本

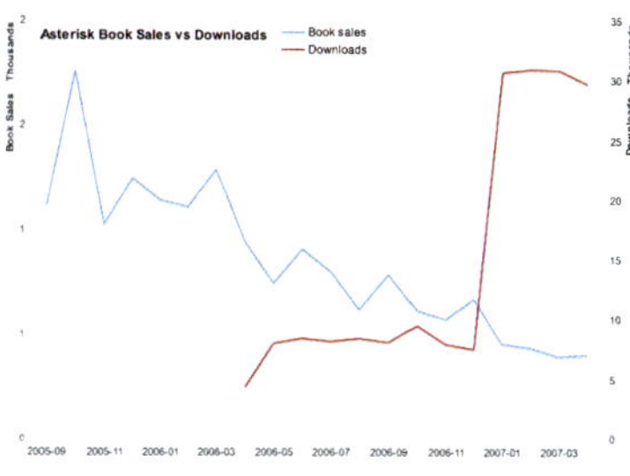

图 3-11 电子书下载越来越热门

图 3-12

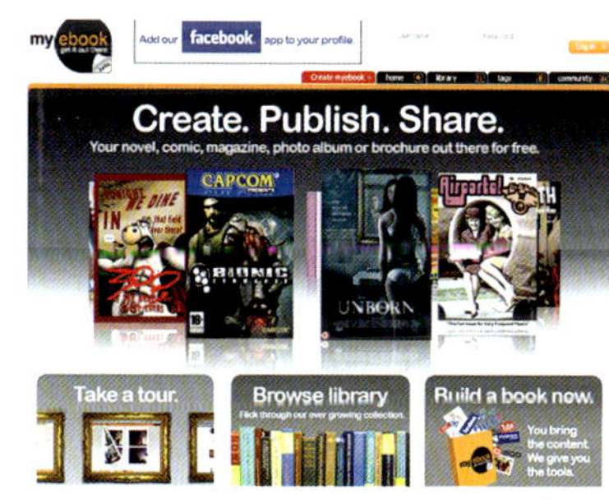

图 3-13

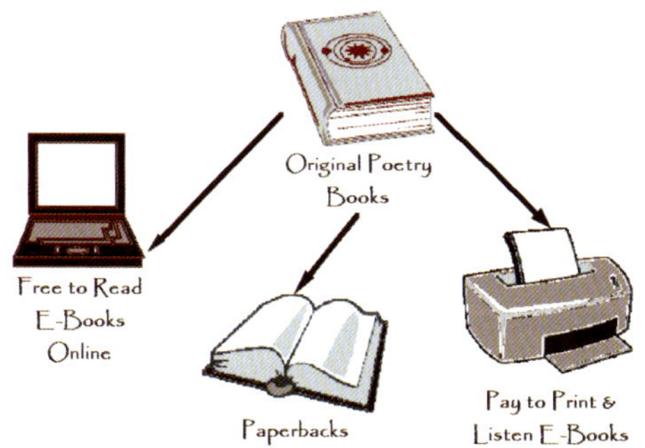

图 3-14 传统诗集“平民化”途径

图 3-15

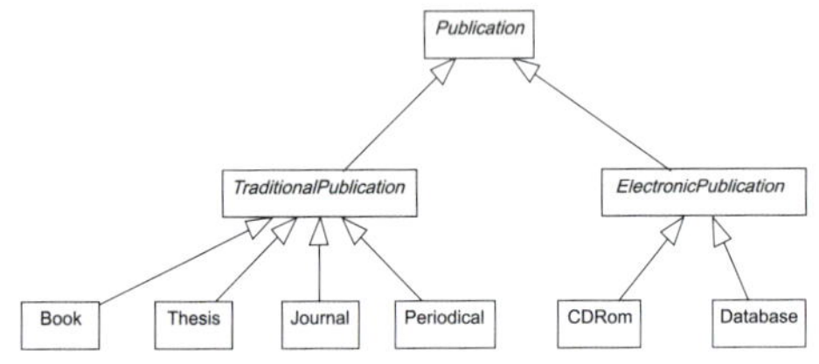

图 3-16 传统与电子出版方式构成

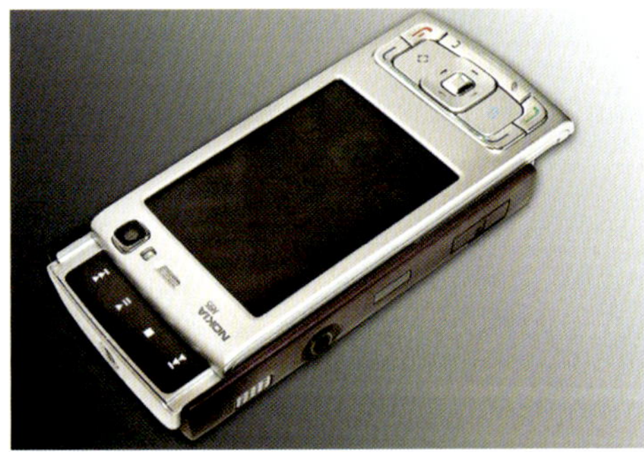

图 3-17 手机功能越趋向娱乐化

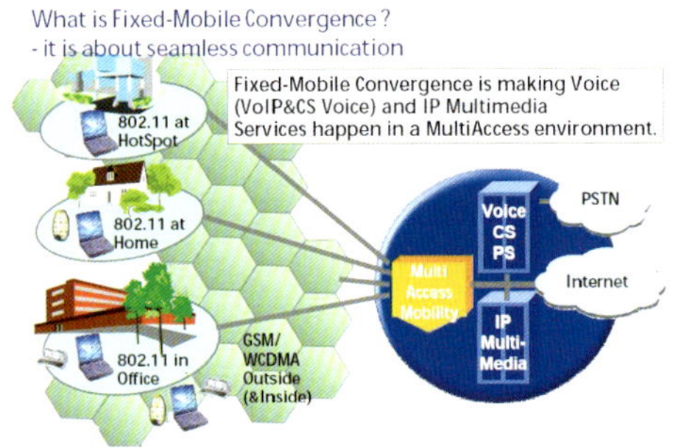

图 3-18

上只能进行语音通信，收讯效果不稳定，且保密性不足，无线带宽利用不充分。此种手机类似于简单的无线电双工电台，通话是锁定在一定频率，所以使用可调频电台就可以窃听到。

二、2G

第二代手机（2G）也是最常见的手机，我们依然在使用。通常这些手机使用PHS，GSM或者CDMA等十分成熟的通信技术标准，具有稳定的通话质量和合适的待机时间。在第二代手机发展中为了适应数据通讯的需求，一些中间标准也在手机上得到支持，例如支持彩信业务的GPRS和上网业务的WAP服务，以及各式各样的Java程序等。

目前在全球范围内使用最广的2G手机基本上都是以GSM制式和CDMA为主。它们都是数字制式的，除了可以进行语音通信以外，还可以收发短信（SMS，短消息）、彩信（MMS，多媒体短信），使用无线应用协议（WAP）等。另外，小灵通（PHS）手机也很流行。目前整个行业正处在向第三代手机（3G）发展过程中。

三、3G

3G是英文“3rd Generation”的缩写，指第三代移动通信技术。相对于第一代模拟制式手机（1G）和第二代GSM与CDMA等数字手机（2G）而言，第三代手机是指将无线通信与国际互联网等多媒体通信结合起率的新一代移动通信系统。它能够处理图像、音乐、视频流等多种媒体形式，提供包括网页浏览、电话会议、电子商务等多种信息服务。为了提供这种服务，无线网络必须能够支持不同的数据传输速度，也就是说在室内、室外和行车的环境中能够分别支持至少2Mbps（兆字节／每秒）、384kbps（千字节／每秒）以及144kbps的传输速度。

如今的手机已不再单单是通讯工具，它还担当起了“新媒体”的重任。人们对手机媒体与传统媒体之间的广告互动进行了一些探讨，认为无论从技术上还是政策上来看，手机媒体成为新广告媒介都具有一定的可能性。对于手机电视的发展趋势，有学者却认为，尽管新技术的狂热崇拜者及追随者们，坚信手机电视是新技术催生下的又一颗金蛋，但手机电视受到受众心理、内容和媒介繁荣的制约，因此，“手机电视是辅助媒介的主流想象”，“技术的指挥棒为人类指向的下一站，有可能是‘技术的高地’，也有可能是‘技术的漩涡’”。

现在也许还没有人认为手机报纸的用户数会赶上或超过报纸网络版或印刷版的读者数量，但是，“手机报纸确实是用一种21世纪的方式向渴望得到新闻又忙于行路的公众提供了一种快乐阅读的享受”。

第四节　新电媒

尽管大众对于放在家里的电视并不陌生，但越来越匆忙的我们几乎没有机会享受沙发土豆（coach-potato）的居家乐趣了。不经意间我们发现，更多的时候我们是在家之外看的电视。而这也催生了“新电媒”的换装出现。

一、数字电视

作为新媒体之一的数字电视同样在吸引着人们的眼球，广电总局将2004年正式定为“数字电视年”，并计划2005年完成3000万用户的目标。现今对于数字电视的研究依然集中呼吁加快完善广电政策的制定，以有利于数字电视产业链的增长。可以预见，快速增长的数字电视用户将推动传媒产业价值链的快速发展，虽然要实现市场意义上的盈利仍需要一段时间的培育，但作为政府作用的体现，传媒产业政策的放开、数字电视产业政策的推进为传媒企业指明了发展道路，提供了新的发展平台。

浙江传媒学院课题组从实证调查入手，对数字电视进行了深入分析。市场调查数据表明：“数字电视潜在用户的经济承受能力是影响数字电视发展前景的决定性因素”。因而有学者提出了数字付费推广的USP（Unique Selling Proposition）发展模式。USP是R.雷斯在20世纪50年代提出的一种有广泛影响的广

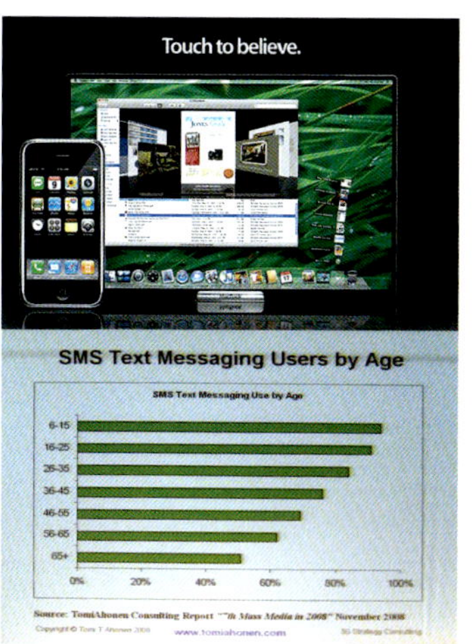

图 3-19 手机短信也是广告媒介

图 3-20

图 3-21　完整的数字键盘使得快速输入信息成为可能

图 3-22 数码相框将美好记忆置于案头

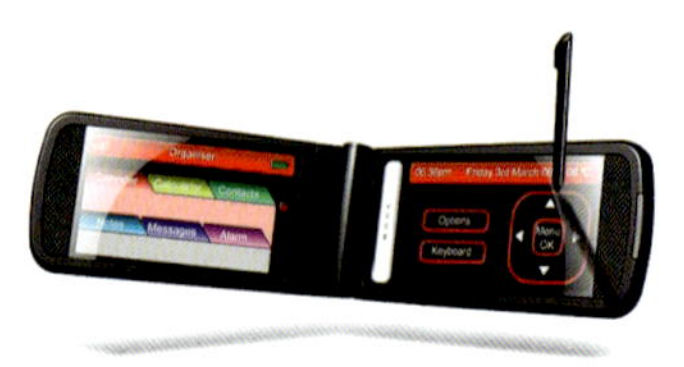
图 3-23

图 3-24

图 3-25 生活中的手机

图 3-26

告创意策略理论。其基本要点是：

1. 每一则广告必须向消费者说一个主张（Proposition），必须让消费者口服，购买广告中的产品可以获得什么具体的利益。

2. 所强调的主张必须是竞争对手所做不到的或者无法提供的，必须说出其独特之处（Unique），在品牌和说辞方面是独一无二的。

3. 所强调的主张必须是强而有力的，必须聚集在一个点上，集中打动、感动和吸引消费者产生购买动机。

因此，数字电视也应该有其独特的销售主张，因为数字电视是"技术层面"和"内容层面"两者合一的综合体，而且必须以后者为核心，否则就失去了存在的意义。比如，老年人收视群体就日渐受到人们的重视。因为老年受众是数字电视的潜在用户之一，因此付费数字电视要兼顾老年人，启动老年市场。

二、移动电视

作为一种新兴媒体，移动电视的迅速发展是人们所始料未及的，它具有覆盖广、反应迅速、移动性强的特点，除了传统媒体的宣传和欣赏功能外，还具备城市应急信息发布的功能。

对于公交移动电视来说，"强迫收视"是其最大的特点。有学者认为："公交移动电视的强制性传播使得受众身在公交车上，没有选择电视频道的余地。这种受众被动接收状态，无疑会降低公交移动电视的收视率。"但也有人持相反的看法，他们提出："传播内容的强制性有利于拓展无聊经济（Boring Economic）的巨大利润空间"，"移动电视正是抓住了受众在乘车、等候电梯等短暂的无聊时间进行强制性传播，使得消费者在别无选择时被它俘获，这对于某些预设好的内容（比如广告）来说，传播效果更佳。"

三、户外电视

2002年12月，进出上海高级商务楼宇和商厦的人们突然发现，平日单调无味的电梯等候厅和电梯间一夜之间增添了许多液晶电视，这些电视滚动播放品牌广告、悦耳动听的音乐、电影预告和全新的国际体育赛事集锦，且每周内容更新。有人惊讶于这个媒体的独特创意，也有人对如此大的投资是否能产生赢利持怀疑态度。

2003年5月，江南春创立了分众多媒体技术（上海）有限公司和分众传媒（中国）控股有限公司，专攻楼宇电视媒体。主营业务为基于Wi-Fi/GPRS/P2P技术的城市商业楼宇信息化联播网络。同年6月，曾经投资了Yahoo、Etrade、Ebay、阿里巴巴和淘宝等著名公司的软银（SOFTBANK）对外宣布，注巨资推动分众传媒中国商业楼宇联播网的建设与运营。随后一年，该网络从上海铺设到了全国37个城市，楼宇数从最初的50多栋

发展至6800多栋，信息终端数发展至15000多个点，网络每天覆盖人群1200万，单月利润超过千万元。2004年税后利润超过1.1亿元，在中国拥有75%以上的市场占有率。目前，分众传媒已将分众业务推向香港、新加坡、印尼等亚太地区。

江南春的成功依赖于其对信息技术和传媒行业近十年的工作经验与深入观察研究。其自2002年带领开发的多媒体液晶广告机将超薄DVD、LCD与红外线同步技术相整合，获得国家实用新型专利。2003年下半年起，江南春又率先将硬盘、工控主板、WindowXP系统与无线传输技术相结合，通过GPRS技术实时发送文字信息，利用Wi-Fi和P2P技术传送视频影像内容，从而将中国的商业楼宇信息化程度提升至国际领先高度。该项发明将多种国内外最新的无线互联网传输技术集成在楼宇电视广告信息平台上，在应用上具有全球领先性。

从人们无聊的时光中找到商机，这就是媒体人的智慧与眼光。

图 3-27 智能PDA

第五节 IPTV

IPTV即交互网络电视，一般是指通过互联网络，特别是宽带互联网络传播视频节目的服务形式。互动性是IPTV的重要特征之一。有人指出，“IPTV用户不再是被动的信息接受者，人们可以根据需要有选择地收视节目内容”。

图 3-28 手机电视实况转播

网络电视迅速发展的同时也暴露出了一些制度上的弊端。业界人士提出，网络电视不仅是电信运营商的一场盛宴，对节目制作商而言，也是一个巨大的市场机会。然而在新媒体产业领域，广播电视原先享有的政策保护和市场垄断优势，在与不成熟的市场接轨时必然会有很多意想不到的问题。

IPTV播放方式包括：

1. 单播

在客户端与媒体服务器之间需要建立一个单独的数据通道，从一台服务器送出的每个数据包只能传送给一个客户机，这种传送方式称为单播。每个用户必须分别对媒体服务器发送单独的查询，而媒体服务器必须向每个用户发送所申请的数据包拷贝。这种巨大冗余首先造成服务器沉重的负担，响应需要很长时间，甚至停止播放；管理人员也被迫购买硬件和带宽来保证一定的服务质量。

图 3-29 无线信号覆盖标志

2. 组播

IP组播技术构建一种具有组播能力的网络，允许路由器一次将数据包复制到多个通道上。采用组播方式，单台服务器能够对几十万台客户机同时发送连续数据流而无延时。媒体服务器只需要发送一个信息包，而不是多个；所有发出请求的客户端共享同一个信息包。信息可以发送到任意地址的客户机，减少网络上传输的信息包的总量。网络利用效率大大提高，成本

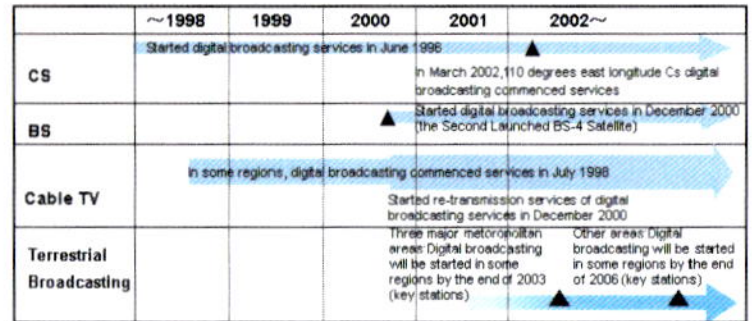

图 3-30

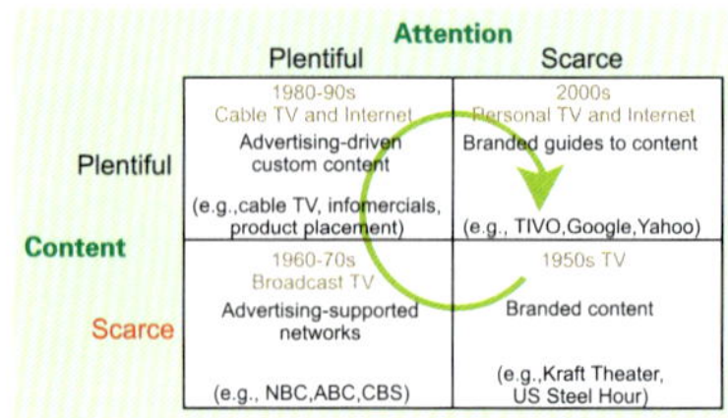

图 3-31

图 3-32

大为下降。

3. 点播与广播

点播连接是客户端与服务器之间的主动连接。在点播连接中，用户通过选择内容项目来初始化客户端连接。用户可以开始、停止、后退、快进或暂停数据流。点播连接提供了对流的最大控制，但这种方式由于每个客户端各自连接服务器，却会迅速用完网络带宽。

数字交互电视是集合了电视传输影视节目的传统优势和网络交互传播优势的新型电视媒体，它的发展给电视传播方式带来了革新。数字交互电视“颠覆了电视观众的‘受众’定位与电视传媒的‘传者’定位”，“数字交互电视的互动传播，使传播者与接收者之间的位置不再是固定的或先行规定的，而是不断在互相共享的、移动的。”数字交互电视的发展还使得“大众传播研究的重心”转移到了“信息使用者”身上。

第六节　Web2.0

Web2.0是相对Web1.0（2003年以前的互联网模式）而言的新一代互联网应用的统称，是一次从核心内容到外部应用的革命。由Web1.0单纯通过网络浏览器浏览html网页模式向内容更丰富、联系性及工具性更强的互联网新模式转变，Web2.0已经成为互联网发展的必然趋势。

Web1.0到Web2.0的转变，具体地说：

在模式上，是由单纯的“读”、“写”走向共同性、建设性发展，由被动地接收互联网信息向主动创造互联网信息迈进；

在基本构成单元上，是由“网页”向“发表/记录的信息”发展；

在工具上，是由互联网浏览器向各类浏览器、RSS阅读器等内容发展；

在运行机制上，是由“Client Server”向“Web Services”转变，作者由程序员等专业人士向全部普通用户发展；

在应用上，是由初级的、基础的应用向全面的、大量的应用发展。

web1.0的本质是联合，那么Web2.0的本质就是互动，它让网民更多地参与信息产品的创造、传播和分享，而这个过程是有价值的。Web2.0的缺点是没有体现出网民劳动的价值，所以其很脆弱，缺乏商业价值。

总之，Web2.0是以Blog、RSS、wiki等应用为核心，依据xml、ajax等新理论和技术实现的互联网新一代模式与媒体平台。Web2.0是信息技术发展引发社会变革所带来的面向未来、以人为本的创新2.0模式在互联网领域的典型体现，是对由专业人员织网到所有用户参与织网的创新民主化进程的生动注释。

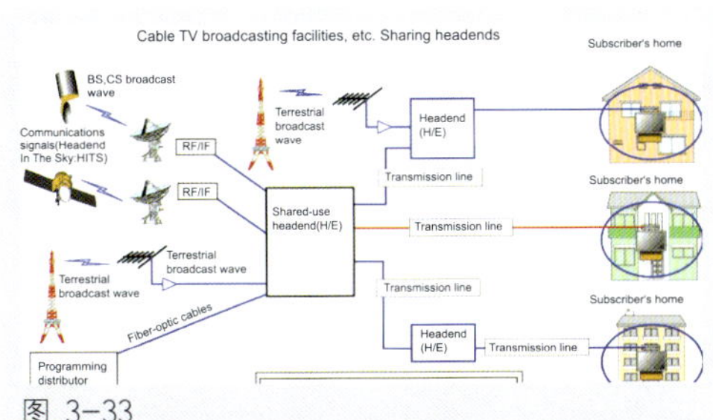

图 3-33

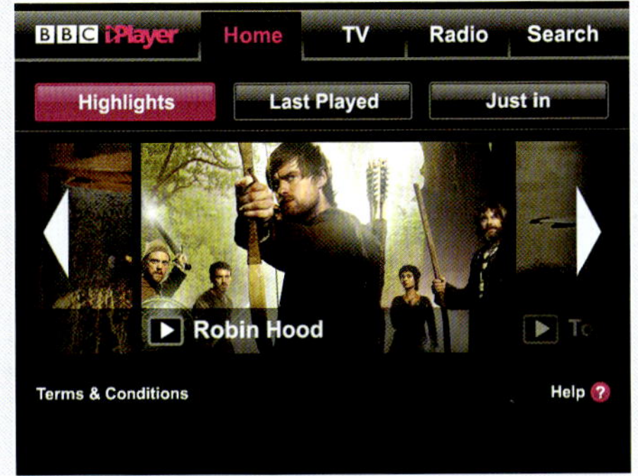

图 3-34

图 3-35 出租车内互动媒体 钱安明摄于上海

图 3-36 车载系列媒体1

图 3-37 车载系列媒体2

图 3-38 互动媒体

图 3-39

图 3-40 网络虚拟世界

Web2.0不是某种特定的标准，也不是规则，它只是用于描述互联网发展阶段形态的代名词。

一、Blog

Blog一词源于weblog，意思是网上日志。1997年由Jorn Barger所提出。1998年，infosift的编辑JesseJ. Garrett将一些类似blog的网站收集起来，寄给Cameron Barrett。Cameron随后将名单发布在CamWorld网站上，许多人亦陆续将blog的URL发给Cameron，慢慢地，一个新的网络社区俨然成型。1999年，Brigitte Eaton创建了一个weblog目录，收集她所知道的blog站点。同年，Peter Merholz首次使用缩略词“blog”，成为今天常用的术语。

Blog真正开始快速发展的转折点是在1999年6月，当时Pitas开始提供免费的weblog服务，紧接着8月，Pyra lab推出了现在的blogger.com。blogger.com提供了简单易学的说明，以及能通过FTP直接将blog发表在个人网站上的功能，这带给使用者很大的方便。目前已经有了很多Blog托管服务商（BSP），但是纯粹的Web2.0会在商业模式上遭遇重大挑战，业内人士对其盈利前景依然持谨慎的乐观态度。

Blog是个人或群体按时间顺序所作的一种记录，并且不断更新。blog之间的交流主要是通过回溯引用（Track Back）和留言/评论（comment）的方式来进行的。blog的操作管理用语，也借鉴了大量档案管理用语。一个blog亦可被视为一个档案（archives），或是卷宗（fonds）。与传统档案不同的是，blog的写作者（blogger），既是这份档案的创作人（creator），也是其档案管理人（archivist）。对知识管理和创造而言，blog提供了新的形态和途径。对汉语为母语的人而言，blog写作既接续了汉语笔记文学的优秀传统，更充分鼓励了个人表达。从交往形态考察，blog空间设定了积极的读者、作者、编者互动转换关系，“言者互重，阅者相惜”。

从2002年博客正式在中国兴起以来，学界对它的研究就没有中断过。博客，颠覆了传统的传播方式。“信息爆炸的互联网也的确需要具备信息收集、阐释、整理能力，同时提供个人想法的信息收集者，无论是否走向商业道路，无论是否代表个人或机构或政府组织，博客们有望成为公众的网络信息代言人。”

还有学者对博客传播中的传者进行分析，认为博客实现了多重的传播效果，“即横跨人内传播、人际传播和大众传播3种类型。”同时，还指出博客传者的传播动机与“外部环境的挤压、内心需求和经济利益的驱动”等几方面的因素有关。

在从传播学角度对博客进行的研究中，有学者总结了博客的传播模式及传播性质，认为“博客突破传统的网络传播，实现了个人性和公共性的结合”。

Elements of the Web's Next Generation

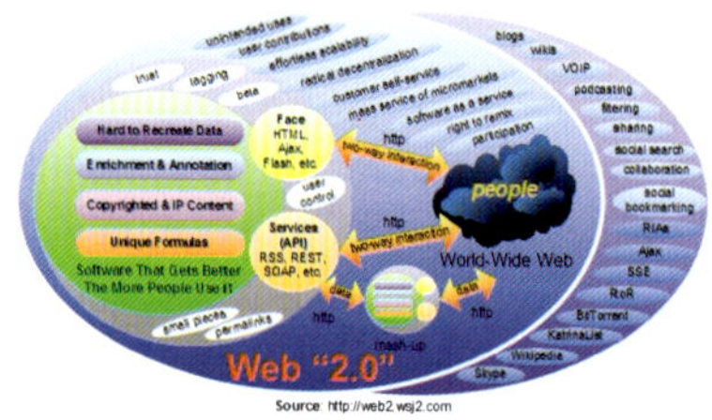

图 3-41

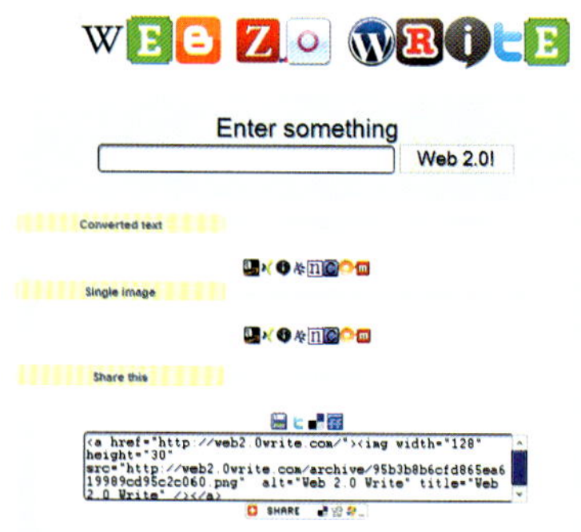

图 3-42

对于博客的自由问题，有学者认为，博客的即时性、自主性、开放性和互动性为人们提供了一定程度的话语自由，这种自由颠覆了“把关人”的概念，事实上，博客世界里的自由的确也包括了很多负面的东西，这除了需要网民有自律的意识，更需要有相应的法律法规进行引导和规范。

二、播客

“播客”是2005年新闻传播学术期刊上的又一个让人们耳目一新的词汇。Podcast被称作“有声博客”，广大网友将自己制作的“广播节目”上传到网上与他人分享。“同21世纪初低调诞生的博客相比，播客似乎一问世就受到了人们的特别关注。”播客除了作为新的媒体平台之外，通常把那些自我录制广播节目并通过网络发布的人也称为播客。

2005年8月，上海还举办了中国首届播客大赛。对于“播客”的研究始终避免不了与“博客”的对比。有人认为，“如果说博客是新一代的报纸，那么播客就是新一代的广播。”

从传播学角度对“播客”现象进行分析：播客实现了从文字传播向音频、视频传播转化，增加了娱乐成分。播客还满足了人们自我表达、张扬个性的需求，同时还加强了媒介汇流与互动。播客将来的发展将会从业余走向专业，从免费走向收费，免费与收费播客共存。

三、RSS

Blog大量采用了RSS（Really Simple Syndication）技术，所有的RSS文件都必须符合由W3C发布的XML1.0规范。对读者来说，可以通过RSS订阅一个blog或相关网站。对Blog作者来说，RSS可以使自己发布的文章易于被计算机程序理解并提取摘要。

RSS是一种用于共享新闻和其他Web内容的数据交换规范，起源于网景通讯公司的“Push”技术，将订户订阅的内容传送给他们的通讯协同格式（Protocol）。RSRSS目前广泛用于blog、wiki和网上新闻频道，世界多数知名新闻社网站大都提供RSS订阅支持。

图 3-43

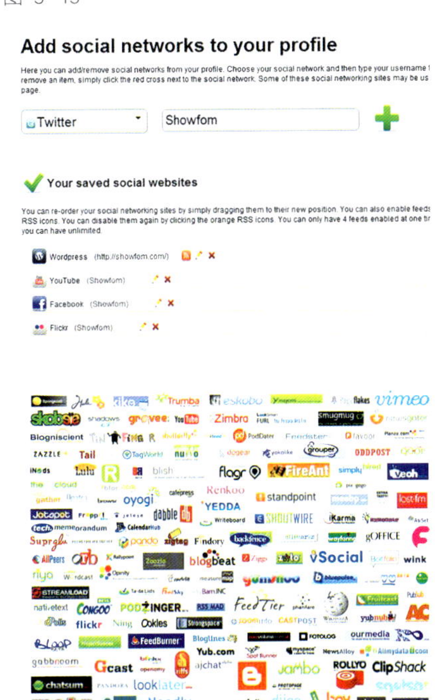

图 3-44

第七节 Web3.0

网络发展需要跟具体的产业结合起来才会获得巨大的商业价值和商业成功。Web3.0是在Web2.0的基础上发展起来的能够更好地体现网民的劳动价值，并且能够实现价值均衡分配的一种互联网方式。

Web2.0虽然只是互联网发展阶段的过渡产物，但正是由于Web2.0的产生，让人们可以更多地参与到互联网的创造劳动中，特别是在内容上的创造，在这一点上，Web2.0是具有革命性意义的。人们在这个创造劳动中将获得更多的荣誉、认

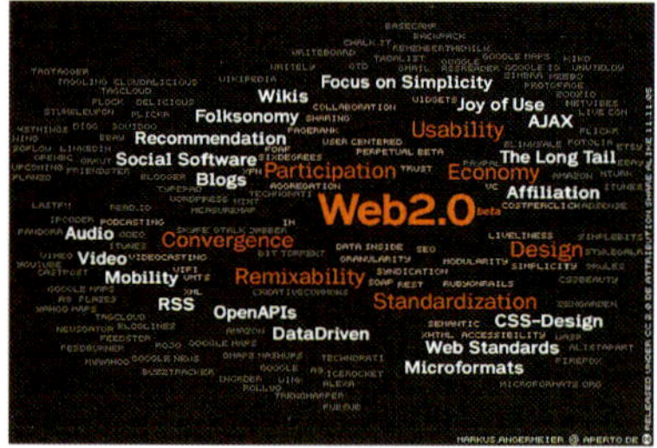

图 3-45

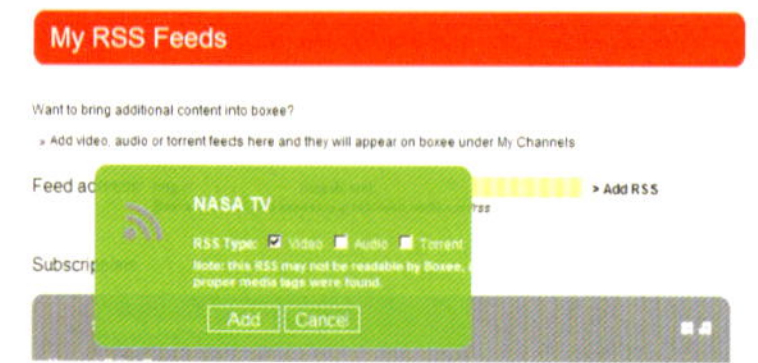

图 3-46 My RSS Feeds

同，包括财富和地位。正是因为更多的人参与了有价值的创造劳动，那么“要求互联网价值的的重新分配”将是一种必然趋势，因而必然催成新一代互联网的产生，这就是Web3.0。

Web3.0是三广与三跨（广域的、广语的、广博的；跨区域、跨语种、跨行业）的互联网技术。Web3.0使所有网上公民不再受到现有资源积累的限制，具有更加平等地获得财富和声誉的机会。在电子商务和在线游戏领域，不管是BC还是CC，网民利用互联网提供的平台进行交易，在这个过程中，他们通过互联网进行劳动，并获得了财富。

一、Twitter

Twitter可以被看作是迷你博客、微博客，是即时信息的一个变种。同时，Twitter也是一种基于网络联系他人、发布信息的自媒体。它允许用户将自己的最新动态和想法以短信息的形式发送给手机与个性化网站群，而不仅仅是发送给个人。

2006年，博客技术先驱埃文·威廉姆斯（Evan Williams）创建的新兴公司Obvious推出了Twitter服务。同年年底，Obvious对服务进行了升级，用户无需输入自己的手机号码，而可以通过即时信息服务和个性化Twitter网站接收和发送信息。这是可让你播报短消息给你的朋友或跟随者的一个在线服

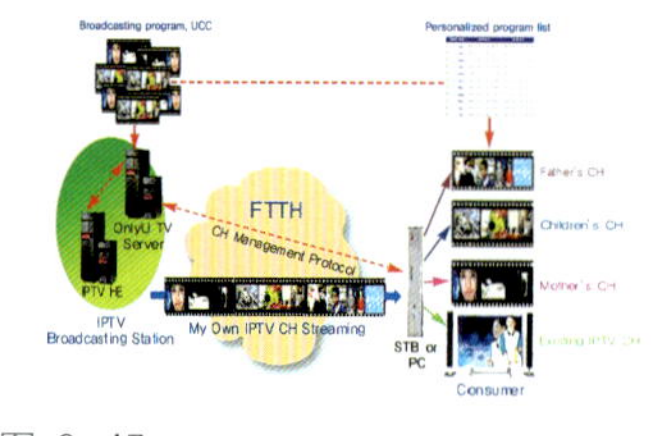

图 3-47

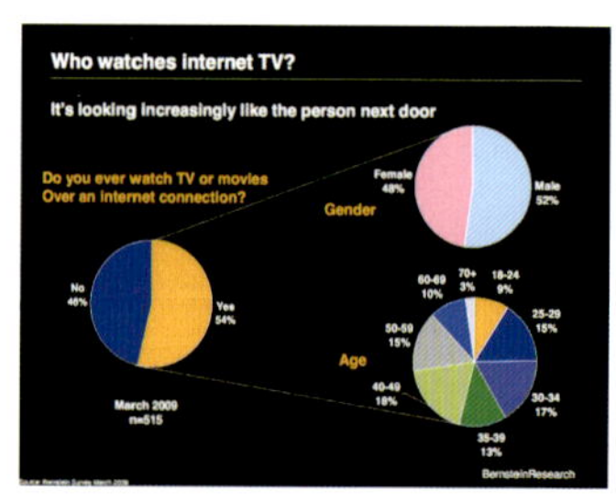

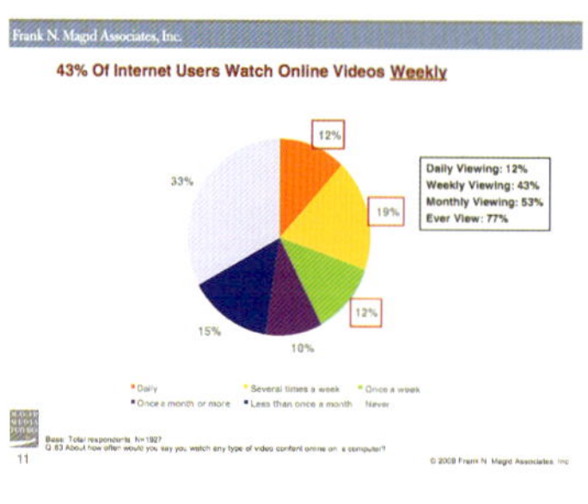

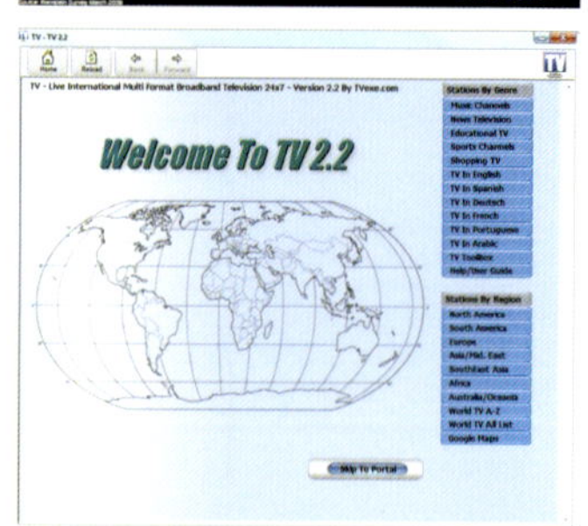

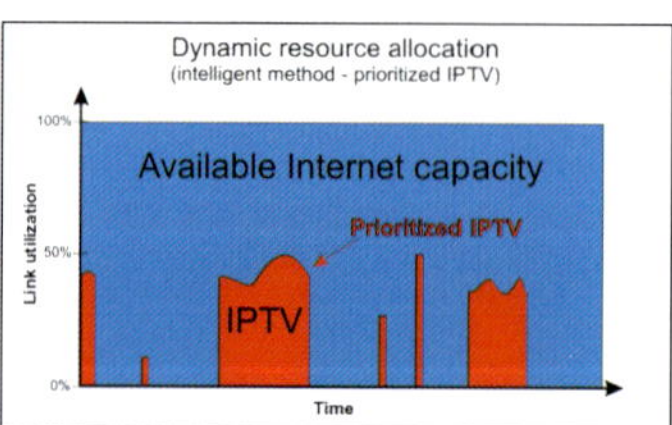

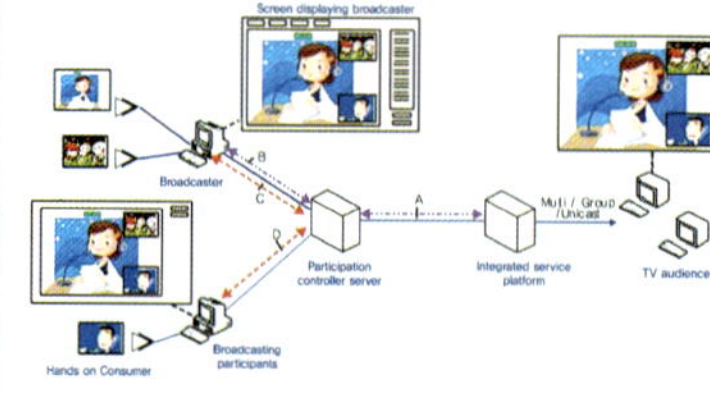

务，它也同样可允许你指定哪个你想跟随的Twitter用户，这样你可以在一个页面上就能读取他们发布的信息。就目前而言，Twitter存在的最大问题是无意义的信息泛滥。

Twitter最初计划是在手机上使用，并且与电脑一样方便使用。所有的Twitter消息都被限制在140个字符之内，因此每一条消息都可以作为一条短消息发送。这对于组织严密的小组和圈子来说是非常有用的（尽管Twitter上也同样存在着数量相当大的乌合之众）。假如你跟随你的朋友，并且他们还跟随着另外的人，你就可以进行快速沟通。

与blog一样，Twitter也是完全免费的。目前国内也出现了许多类似Twitter的网站，比如说说、饭否、叽歪等等十余家网站。其主要优势是对中文的良好支持，以及与国内移动通讯服务商、主流的即时聊天工具的绑定。像新浪（sina）这样的中文blog门户都“随大流”推出了微博服务。

二、SNS

SNS不是Web3.0时代才出现的，这里我们所界定的内容主要是特指以实名制为特征的交友网站。尽管完全由身份证确认的实名网络几乎不可能实现，基于对自身信息安全的考量，网友们对于“真实”网络空间的幻想还是在一定程度上推动了真名网络的发展。

社会性网络服务（Social Network Service），专指旨在帮助人们建立社会性网络的互联网应用服务。1967年，哈佛大学的心理学教授Stanley Milgram（1934—1984）创立了六度分隔理论（Six Degrees of Separation）。SNS网站，就是依据六度理论建立的网站，帮你运营朋友圈的朋友。以认识朋友的朋友为基础，扩展自己的人脉，并且可以无限扩张自己的人脉，在需要的时候，可以随时获取一点，得到该人脉的帮助。简单地说：“你和任何一个陌生人之间所间隔的人不会超过六个，也就是说，最多通过六个人你就能够认识任何一个陌生人。”按照六度分隔理论，每个个体的社交圈都不断放大，最后成为一个大型网络。这是对社会性网络（Social Networking）的早期理解。

SNS的另一种常用解释是Social Network Site，即“社交网站”。后来有人根据这种理论，创立了面向社会性网络的互联网服务，通过“熟人的熟人”来进行网络社交拓展。但“熟人的熟人”，只是社交拓展的一种方式，而并非社交拓展的全部。因此，现在一般所谓的SNS，其含义已经远超越了这个层面。比如根据相同话题进行凝聚（如贴吧、话吧）、根据学习经历进行凝聚（如Facebook）、根据周末出游的相同地点进行凝聚等，都被纳入SNS的范畴。

在互联网领域SNS还有其他含义：服务（Social Network Service）和软件（Social Network Software）。Social Network Service中文直译为社会性网络服务或社会化网络服务，意译

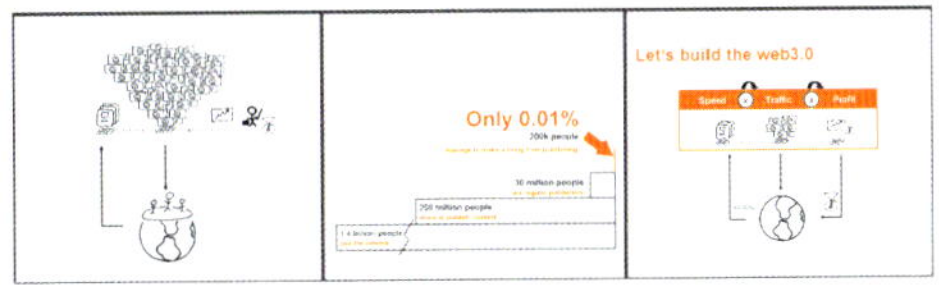

图 3-48

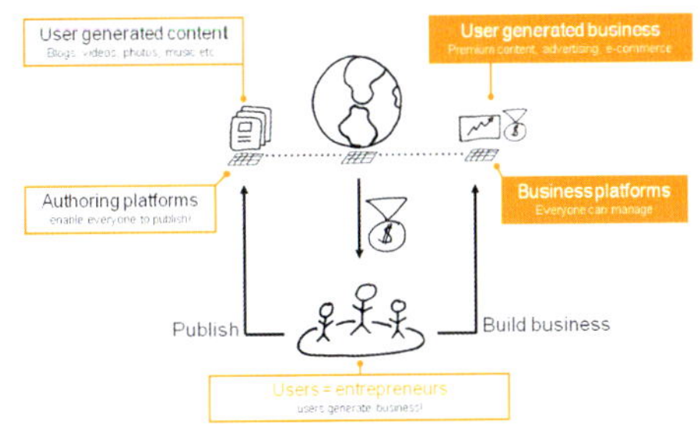

图 3-49

图 3-50

图 3-51

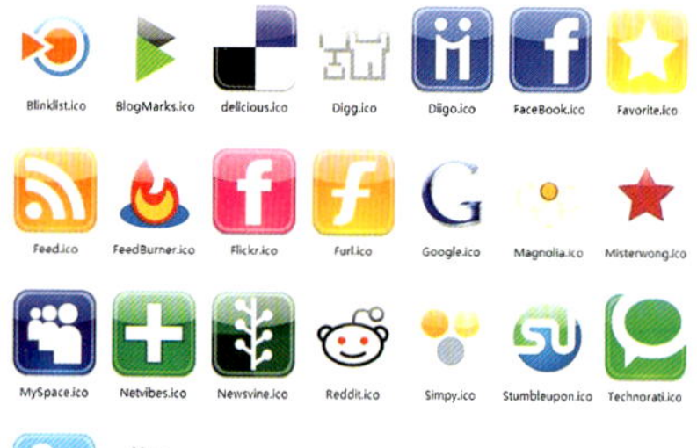

图 3-52 各种可选网络组件

为社交网络服务。中文的网络含义包括硬件、软件、服务及网站应用，加上四字构成的词组更符合中国人的构词习惯，因此人们习惯上用社交网络来代指SNS，用社交软件代指Social Network Software。

Facebook的成功源于SNS实名的进步，其成功经验使更多创业者加入到社交网络领域中，这些遍布各地的SNS网站以人际关系为纽带，形成了众多的人脉聚合平台。当初，以Myspace、赛我网为代表的SNS网站把交友展示方式加以丰富，如利用博客、个性化桌面工具，根据兴趣开辟社区等，这些SNS更像是过去门户交友网的Web2.0版。如果将Myspace、赛我网为代表的网站看作是SNS实际应用的初级阶段，那么Facebook、校内网（现已改名为人人网）这类的校园类实名网站，则可以被看作是SNS发展的中级阶段。2008年刚刚上线的开心网毫无疑问将2009年推到了SNS网络发展的最前台。在网站日趋同质化的今天，尽管从传播的广度上来讲，当然是开放的网络空间媒体平台最理想，可从传播的实效上来看，“圈子”的小众传播更加有效。

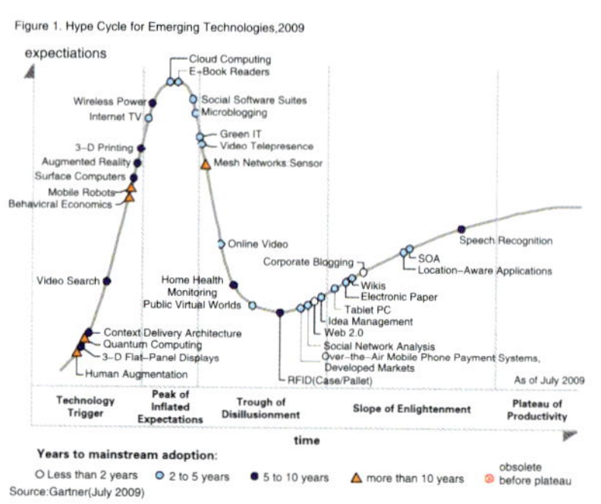

图 3-53

图 3-54

第八节 多媒体

“多媒体”一词译自英文“Multimedia”，而该词又是由mutiple和media复合而成的。媒体（medium）原有两重含义，一是指存储信息的实体，如磁盘、光盘、磁带、半导体存储器等，中文常译作媒质；二是指传递信息的载体，如数字、文字、声音、图形等，中文译作媒介。与多媒体对应的一词是单媒体（Monomedia），从字面上看，多媒体就是由单媒体复合而成的。媒体（Media）是人与人之间实现信息交流的中介，是信息的载体，也称为媒介。多媒体就是多重媒体的意思，可以理解为直接作用于人感官的文字、图形图像、动画、声音和视频等各种媒体的统称，即多种信息载体的表现形式和传递方式。

多媒体即多媒体信息服务（Multimedia Message Service，MMS），是目前短信技术开发最高标准的一种。它最大的特色就是可以支持多媒体功能，借助高速传输技术EDGE（Enhanced Data rates for GSM Erolution）和GPRS，以WAP为载体传送视频片段、图片、声音和文字，不仅可以在手机之间进行多媒体传输，而且可以在手机和电脑之间传输。其短消息容量平均为3万字节，最高可达10万字节。具有MMS功能的移动电话内置媒体编辑器，可以编写多媒体信息，如果安装上一个内置或外置的照相机，用户还可以制作并传送PowerPoint格式的信息或电子明信片。

多媒体是计算机和视频技术的结合，实际上它主要包括两

个媒体，即声音和图像，它是音响和电视的混合。多媒体技术不是各种信息媒体的简单复合，它是一种把文本（Text）、图形（Graphics）、图像（Images）、动画（Animation）和声音（Sound）等形式的信息结合在一起，并通过计算机进行综合处理和控制，能支持完成一系列交互式操作的信息技术。多媒体技术的发展改变了计算机的使用领域，使计算机由办公室、

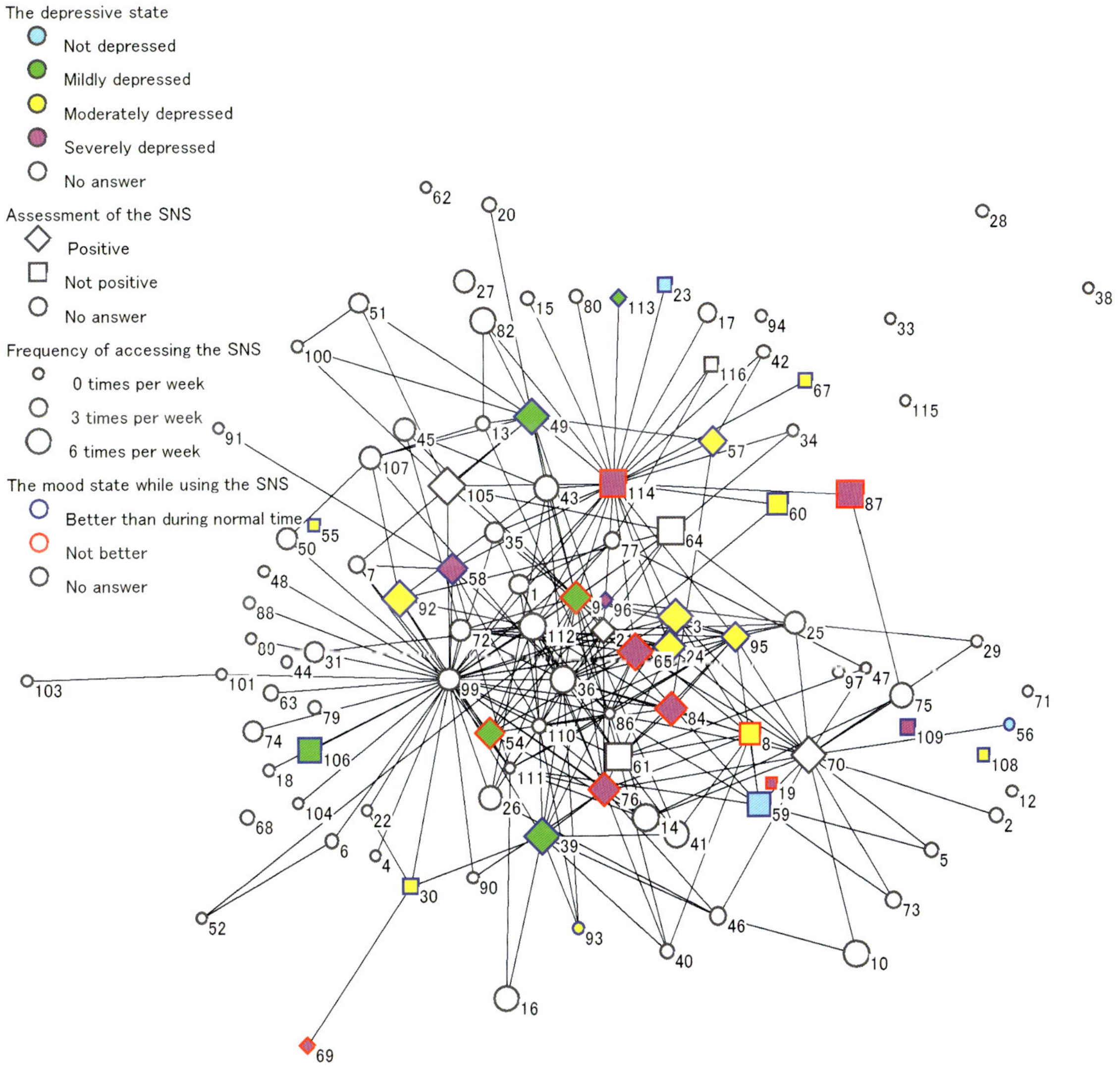

图 3-55 Social network in the SNS. Each node with a number represents one person.

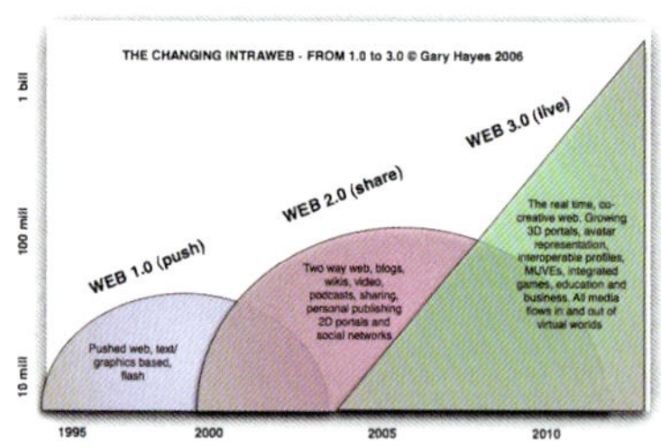

图 3-56

图 3-57

图 3-58

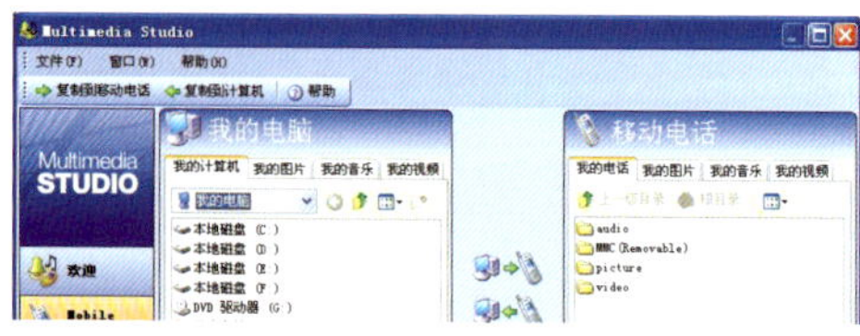

图 3-59

图 3-60

实验室中的专用品变成了信息社会的普通工具，广泛应用于工业生产管理、学校教育、公共信息咨询、商业广告、军事指挥与训练甚至家庭生活与娱乐等领域。

第九节　流媒体

所谓流媒体（streaming media）是指采用流式传输的方式在Internet上播放的媒体格式。商家用一个视频传送服务器把节目当成数据包发出，传送到网络上。用户通过解压设备对这些数据进行解压后，节目就会像发送前那样显示出来。这个过程的一系列相关的包称为“流”。流媒体实际指的是一种新的媒体传送方式，而非一种新的媒体。

一、流媒体传输技术

流媒体技术全面应用后，人们在网上聊天可直接语音输入；如果想看见彼此的容貌、表情，只要双方各有一个摄像头就可以了；在网上看到感兴趣的商品，点击以后，讲解员和商品的影像就会跳出来，具有真实感的影像新闻也会随之出现。

流媒体技术发端于美国。在美国目前流媒体的应用已很普遍，比如惠普公司的产品发布和销售人员培训都用网络视频进行。

流式传输方式是将整个A/V等多媒体文件经过特殊的压缩方式分成一个个压缩包，由视频服务器向用户计算机连续、实时传送。在采用流式传输方式的系统中，用户不必像采用下载方式那样等到整个文件全部下载完毕，而是只需经过几秒或几十秒的启动延时即可在计算机上利用解压设备（硬件或软件）对压缩的A/V、3D等多媒体文件解压后进行播放和观看。此时多媒体文件的剩余部分将在后台的服务器内继续下载。与单纯的下载方式相比，这种对多媒体文件边下载边播放的流式传输方式，不仅使启动延时大幅度地缩短，而且对系统缓存容量的需求也大大降低。

在网络上传输音/视频等多媒体信息，目前主要有下载和流式传输两种方案。A/V文件一般都较大，同时由于网络带宽的限制，下载常常要花数分钟甚至数小时，所以这种处理方

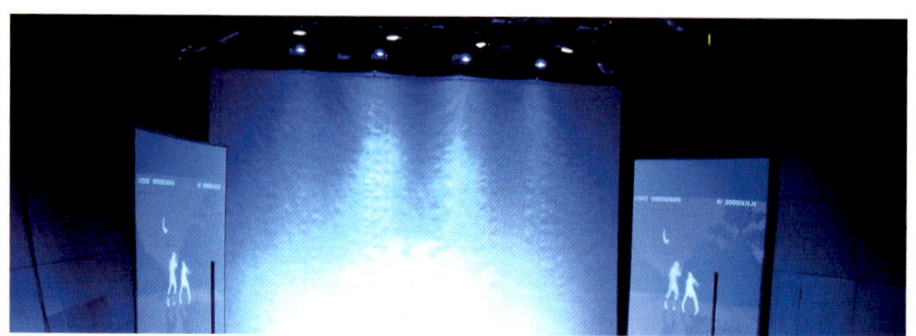
图 3-61

法延迟也很大。流式传输避免了用户必须等待整个文件全部从Internet上下载完才能观看的缺点。

二、顺序与实时流式

1. 顺序流式传输

顺序流式传输即顺序下载，在下载文件的同时用户可观看在线媒体，在给定时刻，用户只能观看已下载的那部分，而不能跳到还未下载的前头部分。顺序流式传输不像实时流式传输在传输期间根据用户连接的速度进行调整。由于标准的HTTP服务器可发送这种形式的文件，也不需要其他特殊协议，所以它经常被称作HTTP流式传输。

顺序流式传输比较适合高质量的短片段，如片头、片尾和广告，由于该文件在播放前观看的部分是无损下载的，这种方法保证了电影播放的最终质量。但这也意味着用户在观看前，必须经历延时等待，对较慢的连接尤其如此。对通过调制解调器发布短片段，顺序流式传输显得很实用，它允许用比调制解调器更高的数据速率创建视频片段。尽管有延迟，毕竟可让你发布较高质量的视频片段。顺序流式文件是放在标准HTTP或FTP服务器上的，易于管理，基本上与防火墙无关。但顺序流式传输不适合长片段和有随机访问要求的视频，如讲座、演说与演示。它也不支持现场广播，严格说来，它只是一种点播技术。

2. 实时流式传输

实时流式传输保证媒体信号带宽与网络连接相匹配，使媒体即可被实时观看到。实时流与HTTP流式传输　不同，它需要专用的流媒体服务器与传输协议。实时流式传输总是实时传送，特别适合现场事件，也支持随机访问，用户可快进或后退以观看前面或后面的内容。理论上，实时流一经播放就可不停止，但实际上，可能发生周期暂停。实时流式传输必须匹配连接带宽，这意味着在以调制解调器速度连接时图象质量较差。而且，由于出错丢失的信息被忽略掉，网络拥挤或出现问题时，视频质量很差。如欲保证视频质量，顺序流式传输也许更好。实时流式传输需要特定服务器，如QuickTime Streaming Server、RealServer与Windows Media Server等。这些服务器允许你对媒体发送更多级别的控制，因而系统设置、管理比标准HTTP服务器更复杂。实时流式传输还需要特殊网络协议，如RTSP（Realtime Streaming Protocol）或MMS（Microsoft Media Server）。这些协议在有防火墙时有时会出现问题，导致用户不能看到一些地点的实时内容。

三、流媒体技术运用

互联网的迅猛发展和普及为流媒体业务发展提供了强大的市场动力，流媒体业务正变得日益流行。流媒体技术广泛用于多媒体新闻发布、在线直播、网络广告、电子商务、视频点播（VOD）、远程教育、远程医疗、网络电台、实时视频会议等互

图 3-62

图 3-63 流媒体界面示意

图 3-64

图 3-65

图 3-66 任何一台电脑都是多媒体设备

图 3-67

图 3-68 用脚控制电脑设备播放

联网信息服务的方方面面。流媒体技术的应用将为网络信息交流带来革命性的变化，对人们的工作和生活将产生深远的影响。

一个完整的流媒体解决方案应是相关软硬件的完美集成，它大致包括下面几个方面的内容：内容采集、视/音频捕获和压缩编码、内容编辑、内容存储和播放、应用服务器内容管理发布及用户管理等。

第十节　自媒体

自媒体，即MeMedia，是指那些应网络时代和技术革新而出现的具备传播效应的个体，如博客、手机短信等等。自媒体这个词如今很时髦，但也很含混。谈及自媒体的力量，大家提到的名字总少不了Matt Drudge，克林顿却把他叫做Sludge（烂泥），因为正是这位“烂泥”最先爆出椭圆形办公室里的那条蓝色裙子。Drudge的博客专门从事披露政治猛料，黛安娜车祸身亡的消息他比美国各大电视网早发布7分钟。如今Drudge的博客，每月有6亿的浏览量。想想看，有多少闲来无事的人在上面不断地刷新，等着爆猛料。

有的博客是自媒体，但博客并不都是自媒体。比如，许多名人博客一度成为演艺明星的“烂泥地”，各种知名不知名的明星都在上面发布着自己的心路历程。一夜之间，明星突然发现博客是一个比新闻发布会更好用的渠道，粉丝们更倾向于相信博客里的话而不是报纸上的。最后，博客内容变成了经纪公司有组织的策划，企宣和助理们在其中如鱼得水，那些伪私人内容上始终覆盖着娱乐工业的巨大身影。实际上，名人博客风潮从根本上破坏了博客的精神，利用自媒体的游戏规则干起了反自媒体的行为。

自媒体到底是什么呢？

首先，应该是私人性。这来自于传播精神的私人性，而不是资本结构或者发布方式的私人性。前者，正如很多西方的大众媒体都是私有的，你不可能说它们是自媒体，因为它们遵循着媒体工业的运作机制。后者，正如大多数的名人博客，它们完全利用自媒体的形式来传播，但实际上却是大众媒体的延伸。

其次，是随意性。正如博客里的只言片语、聊天工具上的几段对话、BBS上贴的几张图片，这些本没有确定的传播目的，但它们在最后都达到了传播的效果。

第三，也是自媒体最容易辨认的形式，受众和传播者的身份互换。描述自媒体最简练的一个字就是“转”，如QQ群里的留言“请转发……”，BBS上的转贴、转发链接，手机短信的转发，邮件的群发与转发……这一切把受众和传播者的界限完全打散，人人都是受众，但同时人人也是传播者。

在与大众媒体的斗争中，自媒体展示出了信息刷新更快、

资讯更丰富的优点，但自媒体也很容易被大众媒体收编。比如，Drudge就已经和Fox电视台签了3年合约，做一个新闻谈话节目。这时候，你就开始怀疑他的博客和他的节目之间的关系了。

自媒体改变的只是媒体的阅读、传播规则，但它改变不了资本法则，而这个世界的最终法则就是资本法则：拼不过你，我就买下你。

图 3-69

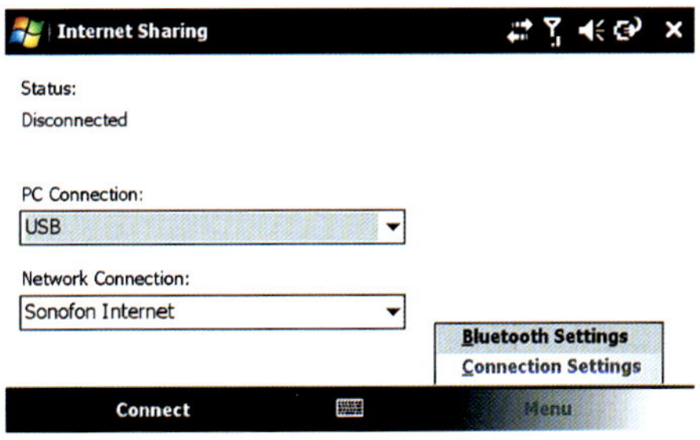

图 3-70

图 3-71 掌上迷你电视

图 3-72

图 3-73

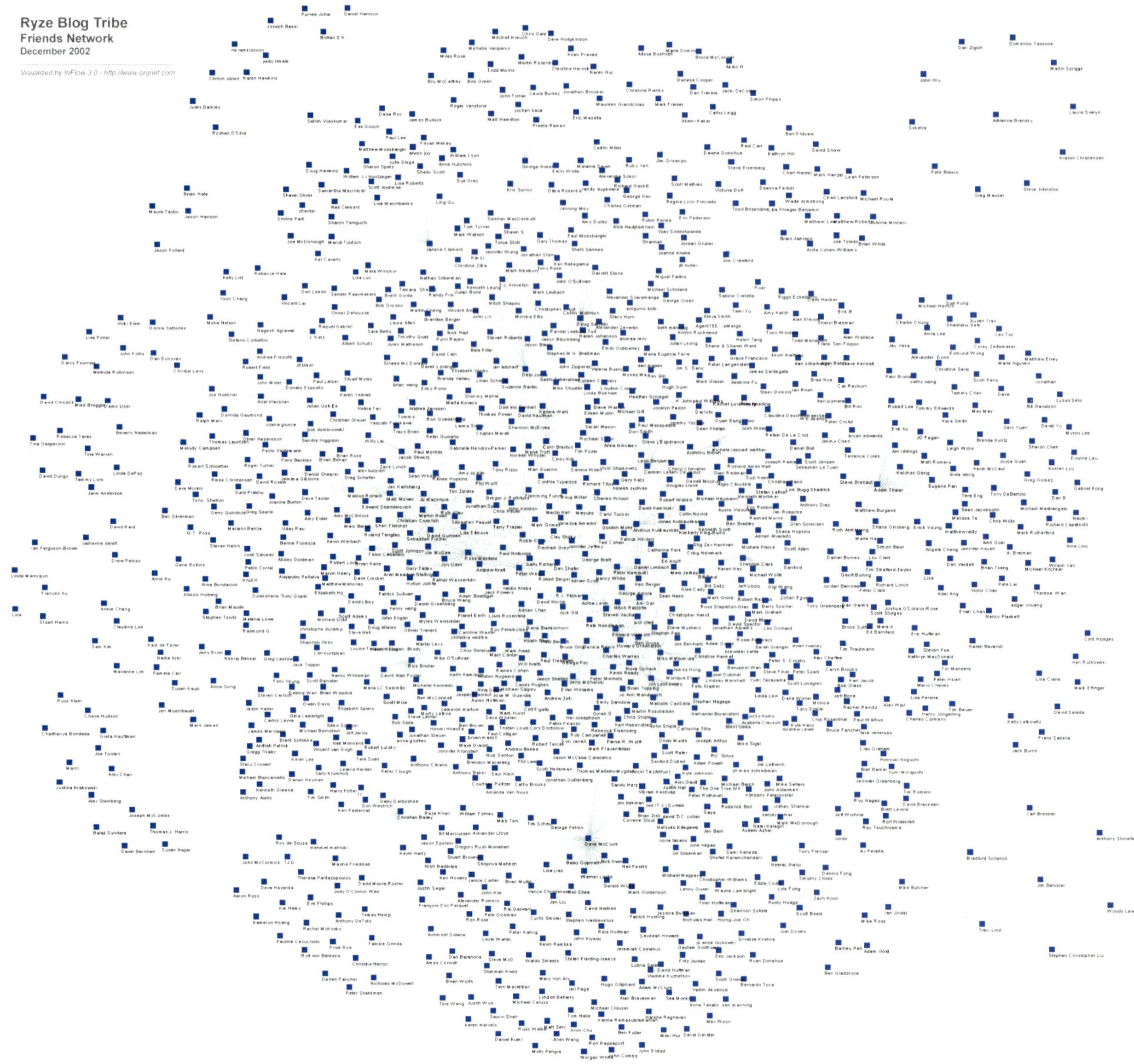

作业与要求：

结合一种实际运用的新媒体，论述其功能、特色。

该部分要充分认知新媒体各种形式的特色和发展的前后脉络，深刻体会新媒体区别于传统媒体的特征；要结合自身的运用情况，切实感知新媒体和传统媒体在使用上带来的不同。

思考题

1. 新媒体是从哪些方面改变和丰富现代人的阅读习惯的？
2. 分析一则经典广告，论述其不同于传统媒体的诸多方面。

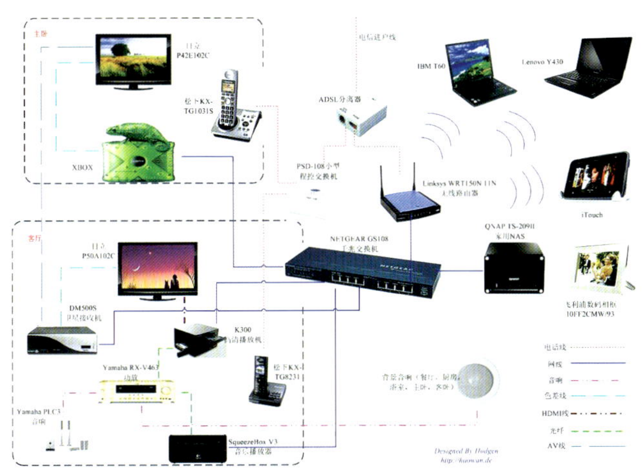

图 3-74 数字化信息传播网络

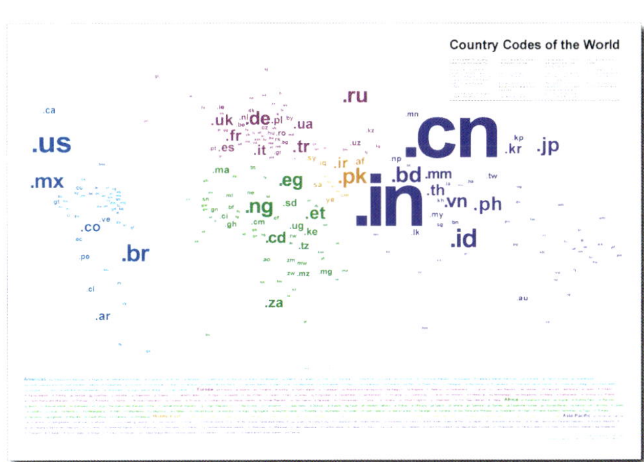

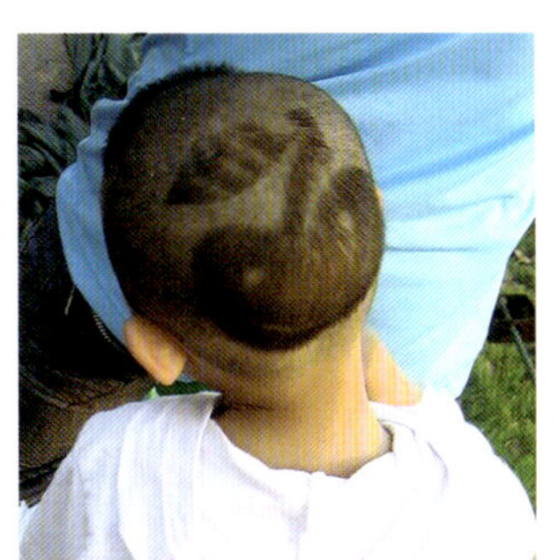

图 3-75 “特殊”个人媒体

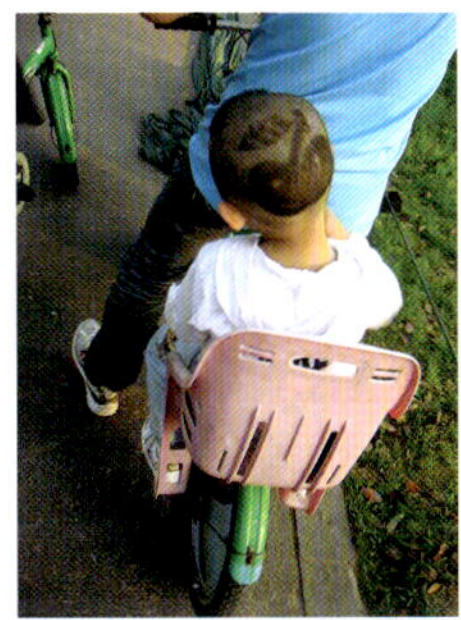

图 3-76

图 3-77 多点触摸互动电脑

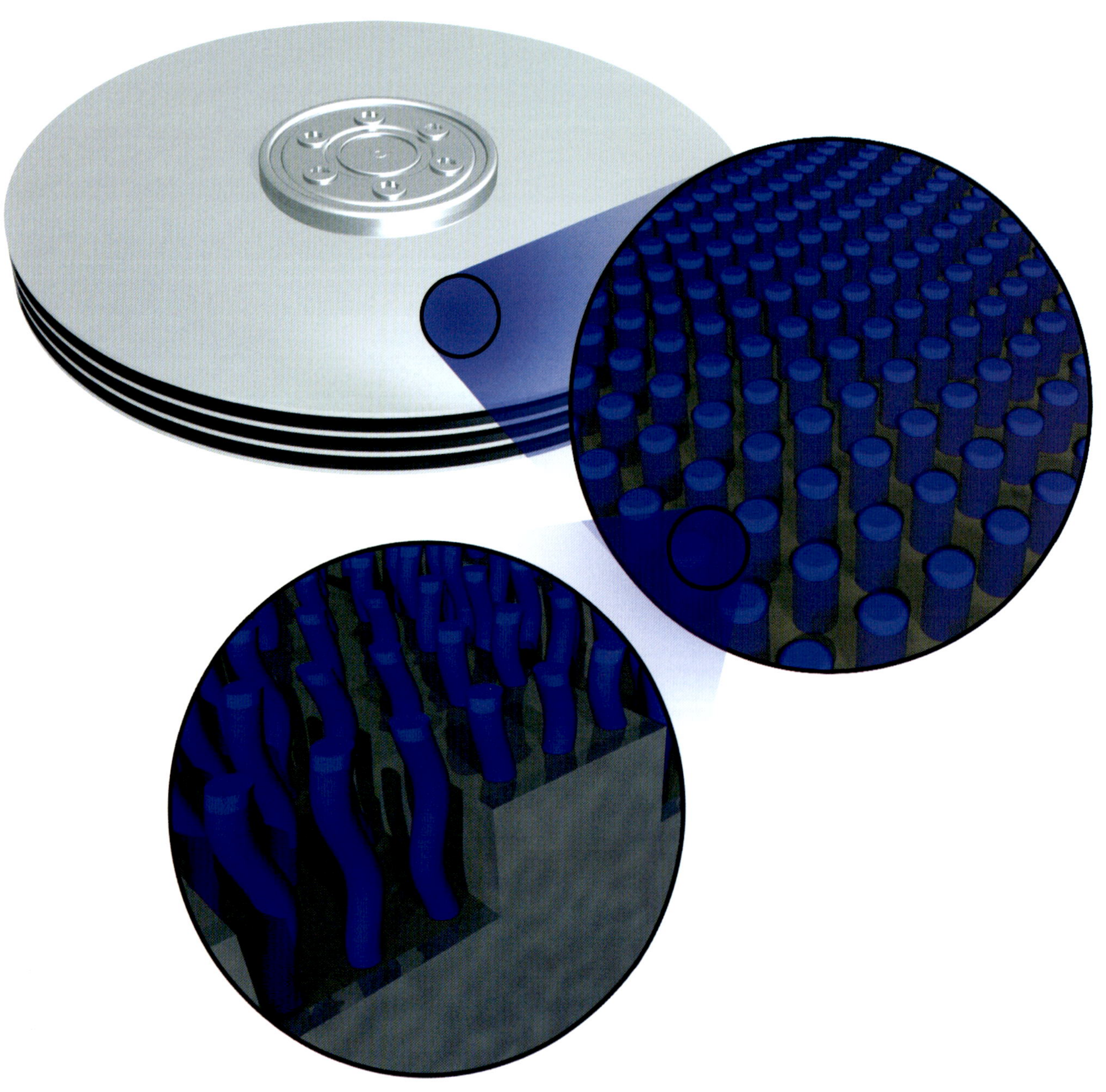

第四章 媒体技术进化

学习目标：

了解媒体技术进化的基本脉络，分清媒体技术进化中的各个关键时期；了解现代媒体和技术进步之间的密切关系，认识现代社会的转型和发展对媒体带来的影响。

学习重点：

媒体技术进化的基本脉络；技术在现代媒体发展中的作用。

学习难点：

媒体形式变化与现代社会转型和发展之间的关系。

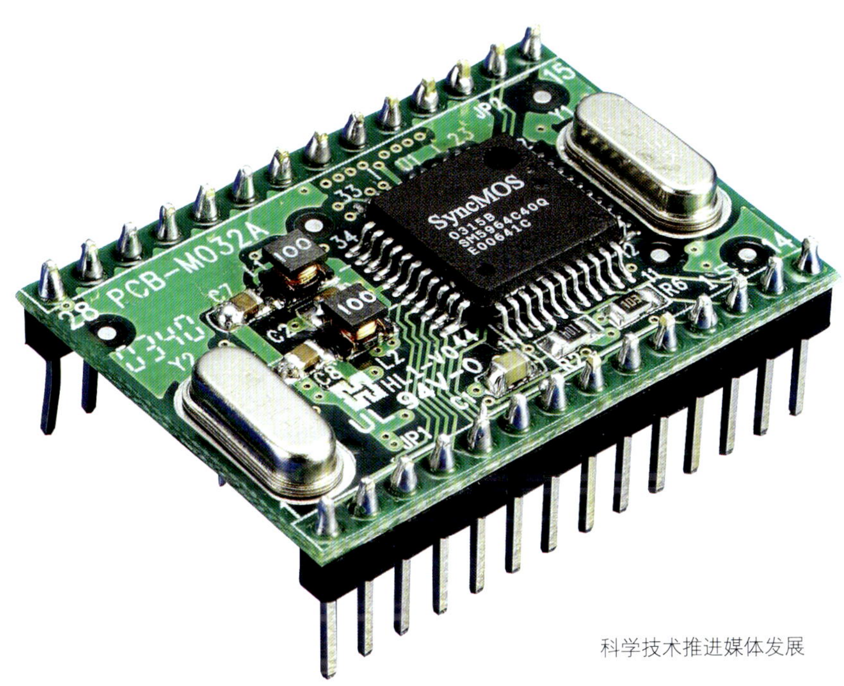

科学技术推进媒体发展

没有新技术就没有新媒体。

没有毕昇的活字印刷术就没有中华文明传承；没有古登堡的机器印刷术就没有今天的西方现代文明。

载体的进化和多样化也促进了大众传媒的形成。试想：中国还是用甲骨和竹简，有多少人能识字，知识传播的大众化就永远不会成为可能；西方如果还是用羊皮手抄，有多少人能上得起学，《圣经》的全球传播也就是一句空话。

图 4-1

第一节　口口相传

把眼光放到远古，最早的信息传播是通过人类的声音和肢体语言进行的。在文字没有正式形成之前，人类的交流和信息传递主要是靠声音和肢体语言。长期的积累和约定俗成的某种声音是传递当时简单信息的基本方式，它类似于特有的狼嚎，雄鹰的嘶鸣。肢体语言也是重要的信息传递方式，和着声音共同传递当时不太丰富的信息。口口相传是信息传递比较原始的方式，信息的传递量不可能太大，作为文字没有形成之前的主要信息传递媒介，它必然会在人类进步的历程中被更丰富的信息传递方式所代替。另外，这种原始的方式在信息传递的方式丰富后仍然具有一定的意义。一个手势，一个眼神，一声默契的咳嗽等等，在现代信息传递中还有其独特的作用。

公元前300多年，希腊哲学家亚里士多德在《修辞学》一书中，总结了口语传播的5点要领：①说话的人；②所说的话；③听话的人；④场合；⑤效果。其中，每一个环节构成了一个交流的语义场。

对语言形成之前的人类和至今没有语言能力的动物而言，大声叫喊都是传达危险或快乐的方式。即便在今天文明的人类社会里，面对突如其来的变故，人们总是本能地通过叫喊来传递自己的内在情绪。同样在当今“知识型社会”里，尽管技术发展已经相当先进，人类知识传播的最主要途径依然是老师说给学生听。

先进的传播手段并不是最好的传播手段！

在可以视频聊天的情况下，为什么各国领导人还要不辞辛苦、辗转万里进行“高峰会谈”？

在可以电话问候的情况下，为什么过年时孩子们要赶回老家看望父母？

在可以视频聊天的情况下，为什么情侣要面对面谈情说爱？

图 4-2 大声呼喊引起注意

图 4-3 古老的传声筒

图 4-4 亲密的耳语

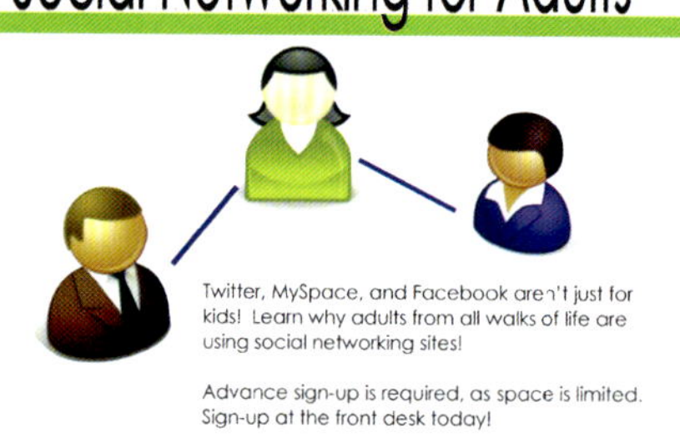

图 4-5

第二节　结绳记事

在汉字产生以前，我国远古时期曾有过结绳记事的阶段。结绳记事是文字产生之前帮助记忆的方法之一，即在一条绳子上打结，以后看到这个结，就会想起那件事。如果要记住两件事，就打两个结，记三件事，就打三个结，如此等等。如果在绳子上打了很多结，恐怕想记的事情也就记不住了，所以这个办法虽简单但不可靠。

对于上古时期的“结绳记事”法，史书上有很多记载。东晋葛洪《抱朴子・钧世》：“若舟车之代步涉，文墨之改结绳，诸后作而善于前事”。“后”即指上古时代。虽然目前未发现原始先民遗留下的结绳实物，但原始社会绘画遗存中的网纹图、陶器上的绳纹和陶制网坠等实物均提示出先民结网是当时渔猎的主要条件，因此，结绳记事（计数）作为当时的记录方式具有客观基础。《周易・系辞下传》中记载：“上古结绳而治，后世圣人易之以书契。百官以治，万民以察。”汉朝郑玄的《周易注》中记载：“古者无文字，结绳为约，事大，大结其绳，事小，小结其绳。”《九家易》中也说：“古者无文字，其有约誓之事，事大，大其绳，事小，小其绳，结之多少，随物众寡，各执以相考，亦足以相治也。”

结绳记事毕竟不能全面地记载复杂的事物，文明发展到一定程度时，必然会被图画或文字取代。到了今日，已很少再用这种方法来记事，然而，对于古代人来说，这些大大小小的“结”则是他们用来回忆过去的唯一线索。结绳在当时已经具有一种视觉的记事和识别的符号意义。不论什么事，大事或小事，都可以通过结绳来记录和识别。尽管结绳在记录信息的数量和识别性上的作用极为有限，但应该说是一种成功的尝试。它有效地丰富了人类信息传递的方式，是人根本区别于动物的一个方面，是智能发展到一定时期的必然产物。用记号表示某种意义进行信息传递，在一些高智能动物譬如狼群、猴群中也有类似的方式，只不过远远没有人类的丰富和进一步发展，直到文字等一系列更高级信息传递方式的融入，这是人类的特有智能。

图 4-6

图 4-7

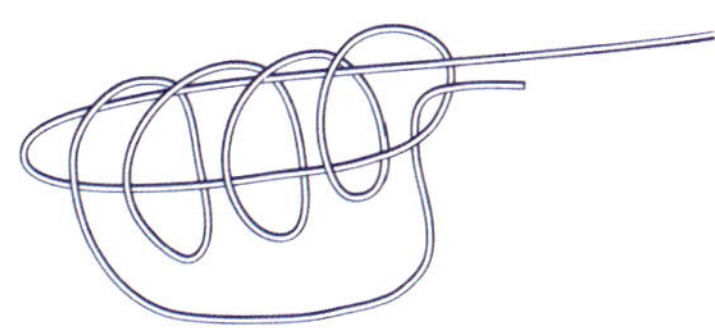

图 4-8

图 4-9 绳结各有其意义

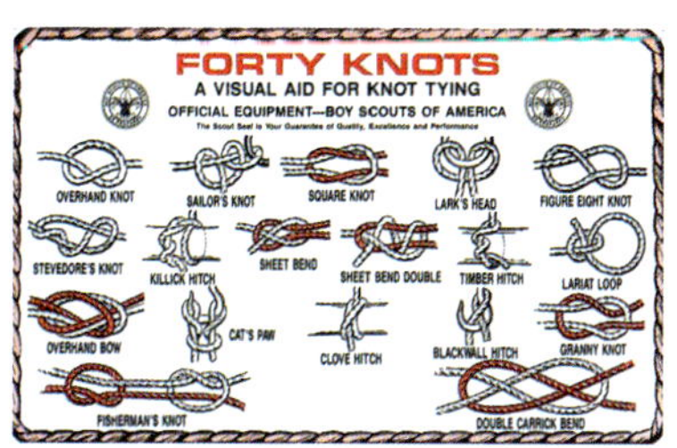

图 4-10 各种绳结类型

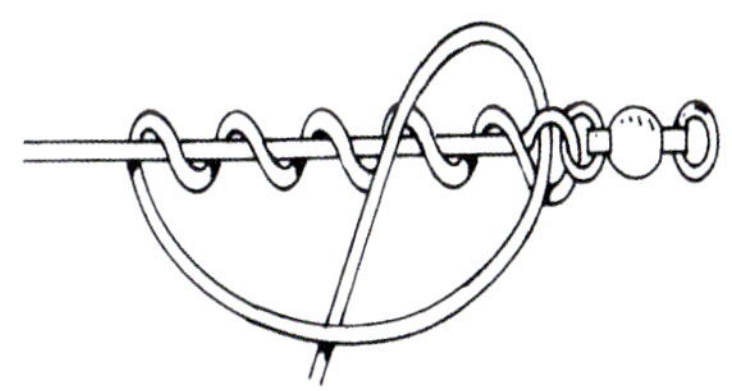

图 4-11

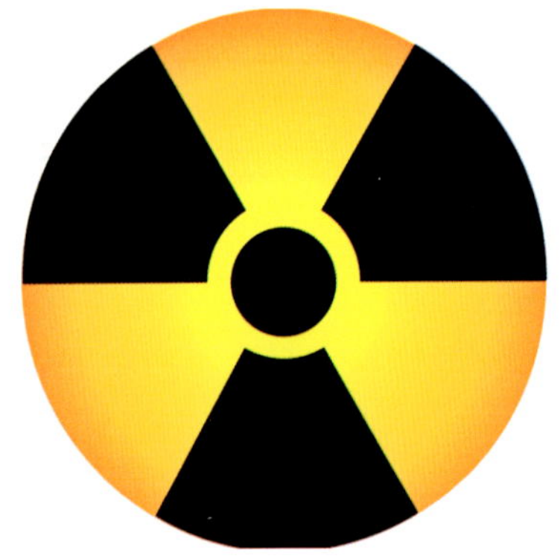

图 4-12 禁烟与放射性符号

图 4-13

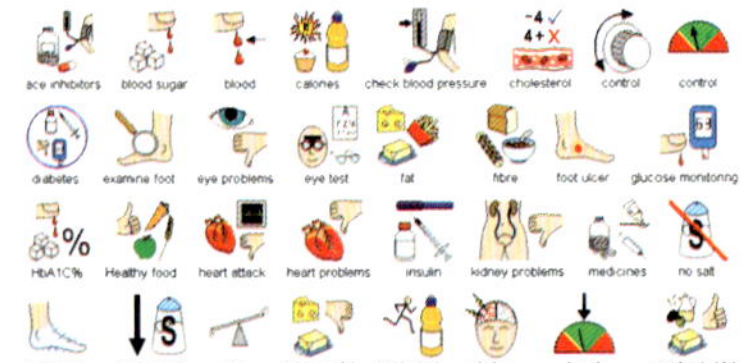

图 4-14

第三节 从符号到文字

从契刻到文字，是信息传播媒介发生的重要变化。文字，在人类进化史上，是发蒙启昧的锁钥，是人类文明与野蛮的分野。文字出现后，人类便从野蛮走向文明了。文字的发明及其应用于文献记录，可谓是人类传播史上的一大创举，是人类文明的重要标志。文字起源于图画，原始图画向两方面发展，一方面成为图画艺术，另一方面成为文字。原始人用图形来表达意思，通常称为“图形文字”。这种图形虽然能交流信息，但是跟语言并无联系。这样的图形可以说是文字的先驱，还没有成为真正的文字。表示意义的图画要发展到跟语言相结合，能够完整地书写语言，这才成为语言的有效记录，即成熟的文字。

文字是人类用来交际的符号系统，是记录语言的书写形式。“秦始皇统一中国后，在《琅琊刻石》中才第一次把文字叫做“字”。在古代文献记载中，有仓颉造字的传说。东汉许慎在《说文解字·叙》里写道：“及神农氏结绳为治而统其事，庶业其繁，饰伪萌生。黄帝之史仓颉，见鸟兽蹄迒之迹，知分理之可相别异也，初造书契。”此又说仓颉之初作书。当人类文明发展到一定阶段，为了适应更多、更快地记录及传递信息的需要，人们从“鸟兽蹄迒之迹”得到了“依类象形”、“分理别异”的启示，逐渐创造了文字，确是合乎逻辑的。

文字传播让异时、异地传播成为了可能，大大提高了传播的广度和范围。以往的语言传播，是人与人之间的口耳相传、心记脑存，既不能“通之于万里，推之于百年”，亦不能保证信息在传播中不被扭曲、变形、重组和丢失。因此，“文字者，经艺之本，王政之始，前人所以垂后，后人所以识古”。它引导人类由“野蛮时代”迈步进入了“文明时代”。

文字与语言的不同在于：它基本是一种改变了的语言形式，是语言的书写符号，是人与人之间交流信息的约定俗成的视觉信号系统。这些符号要能灵活地书写由声音构成的语言，使信息送到远方，传到后代。它使听觉符号转变为视觉符号，使语言有形和得以保存。文字的出现是人类进入文明社会的标志。

传播的文字作为一种媒介，由于带有更为明确的传播目的，因而相对语言的使用，要认真和严肃得多。文字的功能体现在历史性上，即使时过境迁，以文字表现的世界也可以较长久地明确记录或报道历史上的信息。

文字有3种主要类型：词符与音节符并用的文字、音节文字和字母文字。这3种类型代表文字发展的3个阶段。

如果每一个词用一个符号来表示，那就需要许许多多的符号，而抽象词仍旧难于写出，这样的文字是不实用的。解决的办法是，把一部分词符改成只表音，不表意，夹在词符中间，那就成为词符与音节符并用的文字。这是最早达到成熟程度的

文字类型。

完备的拼音制度的产生，使文字历史进入新的阶段。一切语言的声音，如果分析成为音素（音位），一共只有几十个基本的辅音和元音，只要用几十个字母就可以写出。与音节字母相比，音素字母不但符号数目少得多，而且表音更加灵活。但是文字记录语音总有遗漏。例如重音、句调、节奏等等，字母文字还是不作表示的。

从单个符号来看，文字主要有3种基本的表达方法：表形（象形）、表意（会意、指事）和表音（假借、谐声）。具体的文字，往往混合应用几种表达方法，而以一种或两种方法为主。

原始图形文字主要用表形方法，可是也夹用表意方法，例如用点或短线表示数目，所以又称“形意文字”。词符与音节符并用的文字兼用表意和表音两种方法，所以又称“意音文字”。

从语言的内容来看，文字符号所书写的“语言单位”从小到大可以分为5等：①音素或音位，用音素或音位字母；②音节，用音节符号；③词儿，用词符；④词组，用词组符号；⑤语段，用语段符号。但是，文字中间夹进阿拉伯数字和科技符号，也可以表词、词组或语段。阿拉伯数字是表意符号，夹用在表音的字母文字中间，这也是表达方法的混合应用。

开始于5500年前的古埃及文字，早期大都是图形符号，主要用于碑铭，称为“圣书体”。这些图形符号大部分已经失去表形性质，成为表意或表音符号。中期由于用软笔在纸莎草上书写，体式变为草书笔画，丢掉了图形的外表，主要用于书写经文，称为“僧侣体”。晚期笔画大为简化，主要用于写信和记账，称为“大众体”。3种体式很不相同，但是基本结构相同。

西亚的美索不达米亚（即两河流域，在今伊拉克）的苏美尔文字，可能更早于埃及文字。苏美尔文字早期也是以图形符号为主，后来由于在软泥板上用硬笔压刻成字，符号变成一头粗、一头细的短线条，类似楔子，称为楔形字（又称钉头字）。楔形字的笔画渐渐变得越来越简。这种以泥板为纸张、用压刻方法书写的奇特文字，以西亚的美索不达米亚为中心，传播到四周的民族，演变成各种文字。其中最重要的是阿卡德文字，也就是巴比伦和亚述的文字，在历史上曾经是西亚的国际通用文字。

以上两种词符与音节符并用的文字都在一两千年前被废弃了。同类型的中国文字，从殷商甲骨文算起，有3300年以上的历史，也经过多次体式变化，甲骨文、金文变为大篆、小篆，再变为隶书、楷书，同时又有行书、草书，但是基本结构未变，并延用至今。文字的主要发源地，还有美洲的墨西哥（尤卡坦半岛）。那里的玛雅文字有别致的图形符号，但是也已经失去表形功能，成为以音节符号为主，兼用意符、音符和定符。最早的遗物是公元328年的刻碑。玛雅文字到16世纪被废弃。

图 4-15

图 4-16

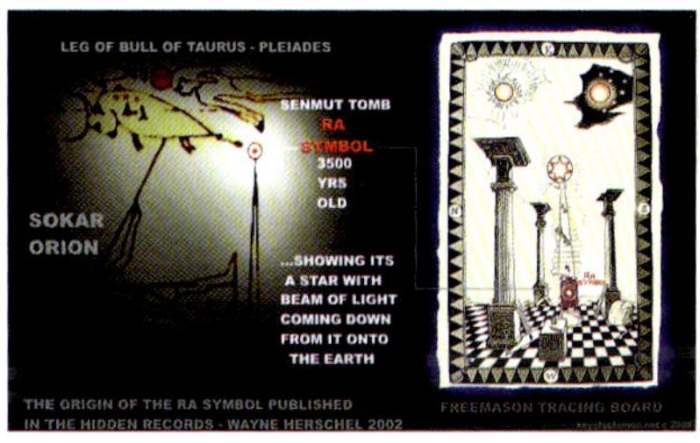

图 4-17

图 4-18

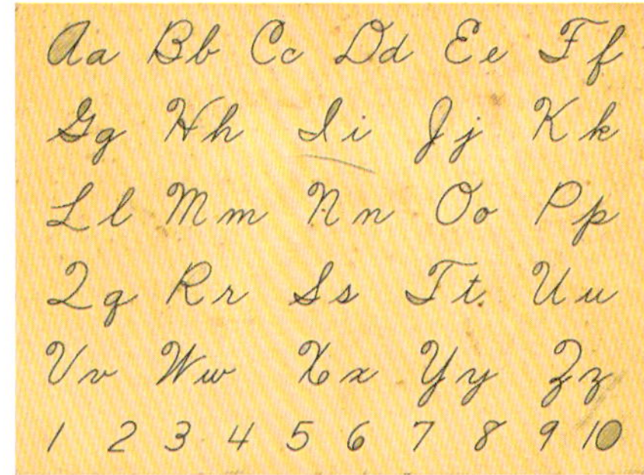

图 4-19

图 4-20

语言是口头传播的技术延伸，文字是视觉系统的延伸，从此人类的传播活动摆脱了本能，进入了技术传播时代。文字是异地传播的主要媒介。中国丰富的文学遗产中描述文字传播的比比皆是，例如：罄竹难书；人生自古谁无死，留取丹心照汗青；烽火连三月，家书抵万金；唯恐说不尽，临行又拆封；独下千行泪，开君万里书等。文字和书信对古人来说是跨越时空的唯一媒介形态，中国语言中流传下来的这些关于文字和书信的诗句表现了再现媒介系统的巨大价值和曾经的不可替代性。延时人际传播过程的要素有3个，即传播者、受传者和媒介（绘画、文字、纸张、印刷机、油墨、邮政系统和时间等）。

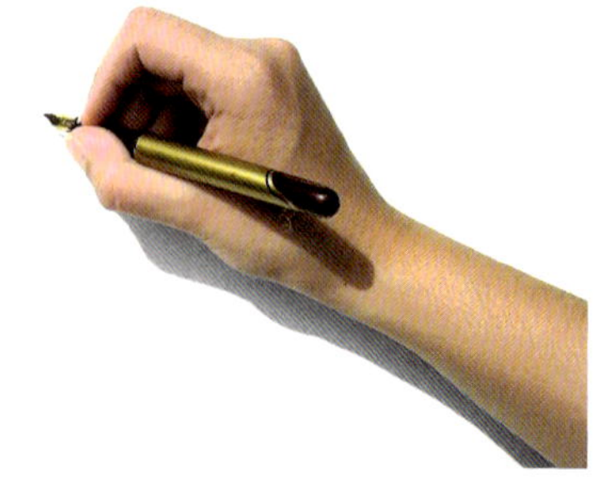

图 4-23

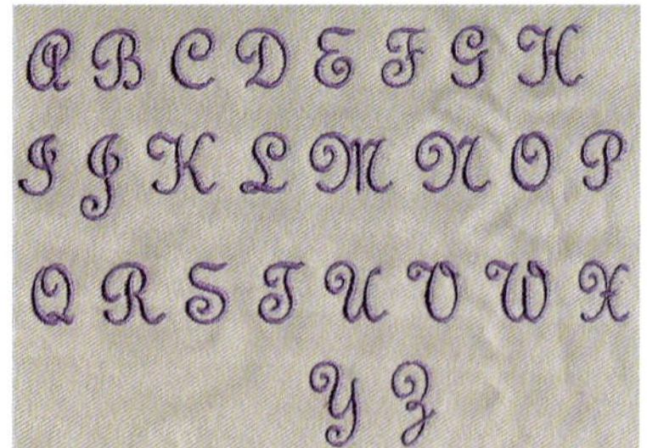

图 4-21

图 4-24

图 4-22

图 4-25 传统灯笼媒体

第四节　从手写到印刷

中国是印刷术的故乡。东汉蔡伦改进造纸术，宋代毕昇（北宋仁宗庆历年间，1041—1048年），发明活字印刷术，彻底改变了信息传递的广度和深度，使大众接受文化教育成为可能。在印刷术没有出现之前，手抄、刻石是信息广泛传播的主要渠道，但是其成本和传播效应远不及印刷带来的革命性变化。

印刷就字面意义而言，着有痕迹谓之印，涂擦谓之刷。用刷涂擦而使有痕迹着于其他物体，谓之印刷。印刷物的生产与印章类似，先刻印章（版），后使印章（版）沾着上印油，再将印章（版）上的印油转移于纸、帛、皮等承印物上，即成。

中国西汉时期发明的造纸术已能制造出天然纤维纸。东汉中期，蔡伦对造纸术进行革新，组织生产出优质麻纸。从汉代以来，纸张逐渐成为书写的主要材料。至隋唐时期，纸张不但是书籍的物质载体，还被广泛运用于生活用品、工艺品、书法、绘画以及商品包装。纸张的发明和运用，为信息传播的变革提供了重要的物质材料。而这一时期印刷术的发明和应用，大大改变了平面传播的表现形式和传播方式，对文化和经济的发展起到了直接的推动作用。

南北朝至隋唐时期，是中国古代平面传播发生巨大变革的时期。这场变革，是由纸张的广泛应用和印刷术的发明所引起的，尤其是印刷术在平面传播中的运用，在中国传播史乃至世界传播史上都具有十分重要的意义。人们积累的经验可以写成文字，进行大批量的复制、传播，这就使得社会的文化面貌发生了巨大的变化，从而使更多的人有了读书的机会。

印刷术的发明，是人类文明史上的光辉篇章，然而在西方的书籍中，往往把印刷术的历史起点定为古登堡的铅活字印刷，这实际上割断了在此之前800多年的中国印刷历史。我国的一些书籍中，在谈到我国古代的四大发明时，把活字印刷、造纸、火药和指南针并列在一起，这也是不符合实际的。因为活字版的发明，只是印刷术发明后的第二个里程碑，而忽视了我国的雕版印刷术。

印刷术的发明和使用，对欧洲的思想和社会产生了十分重大的影响，不仅促进了宗教改革和文艺复兴，也有助于欧洲许多民族文字和文学的建立，甚至鼓励了新兴国家的建立。印刷术还普及了教育，提高了阅读能力和增加了社会流动的机会。总之，几乎现代文明的每一步进展，都或多或少地与印刷术的应用和传播发生关系。

印本的大量生产，使书籍留存的机会增加，减少手写本因有限的收藏而遭受绝灭的可能性。由于印本的广泛传播及读者数量的增加，过去教会对学术的垄断遭到世俗人士的挑战。宗教著作的优先地位也逐渐为人文主义学者的作品所取代。读者

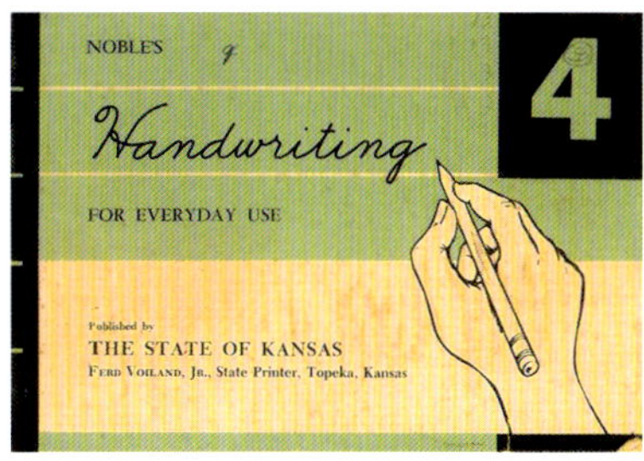

图 4-26

图 4-27

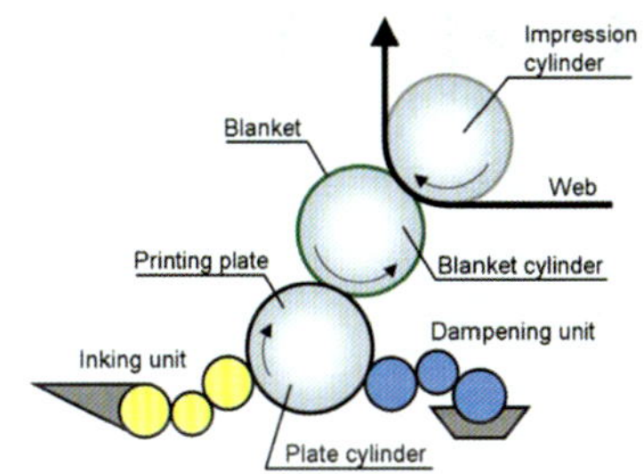

图 4-28

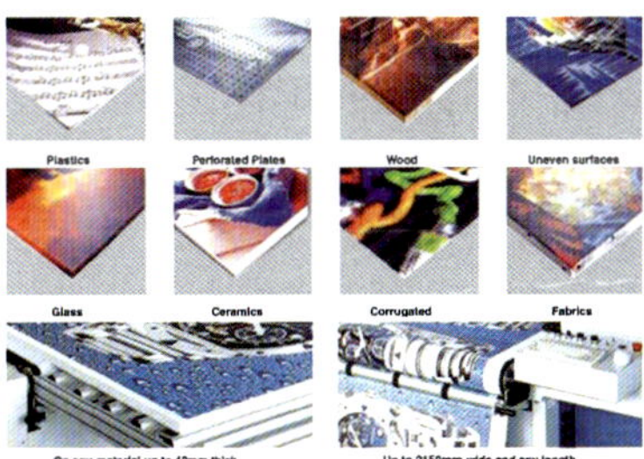

图 4-29

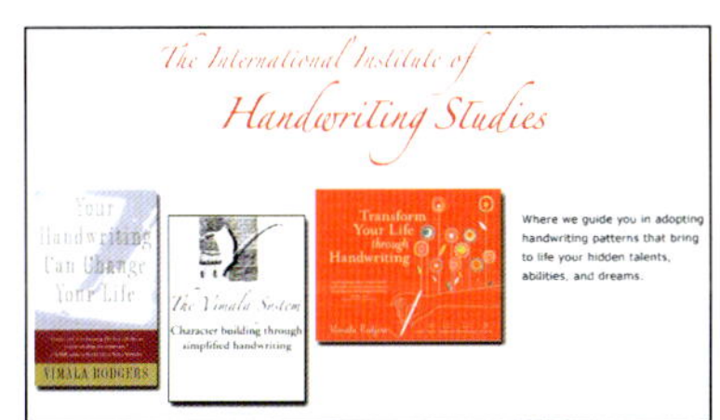

图 4-30

Best Sans Serif Font Best Comic Font
Best Antiqued Font
Best Cursive Rough Script Font
Best Calligraphic Font
Best Brush Script Font
Best Grunge Poster Font
Best Grunge Script Font
Best Serif Font Best Floral Deco Font

图 4-31

图 4-32

图 4-33

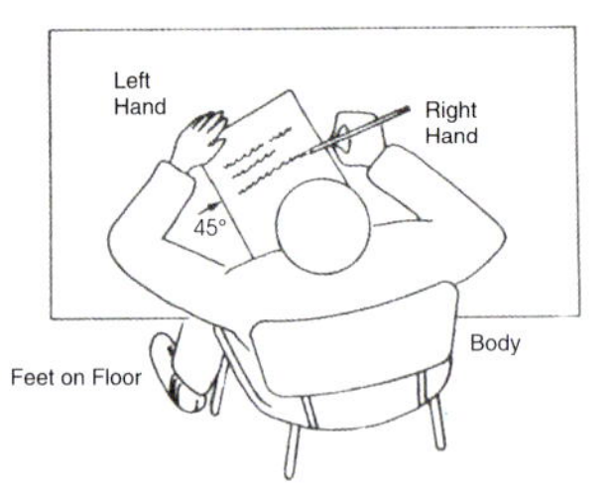

图 4-34

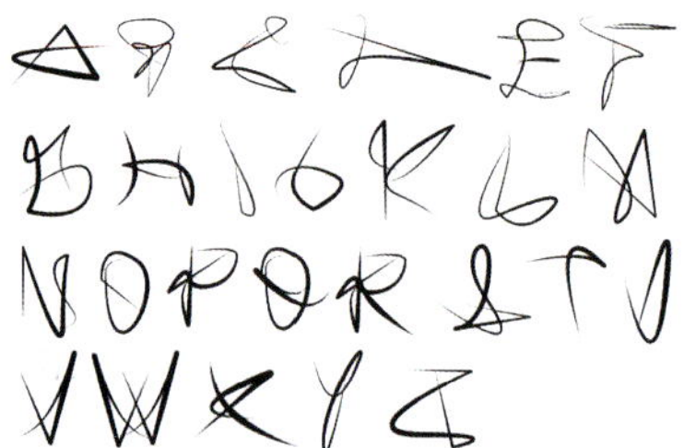

图 4-35

们对于历来存在的古籍中的分歧和矛盾有所认识，因而削弱了对传统说法的信心，进而为新学问的发展建立了基础。

印刷使版本统一，这和手抄本不可避免产生的讹误有明显的差异。印刷术本身不能保证文字无误，但是印刷前的校对及印刷后的勘误表，使得后出的印本更趋完善。通过印刷工作者进行的先期编辑，使得书籍的形式日渐统一，而不是像从前手抄者的各随所好。凡此种种，使读者养成一种有系统的思想方法，并促进各种不同学科组织的结构方式得以形成。

印刷术的传入使欧洲宗教改革的主张广为传播。马丁·路德曾称印刷术为“上帝至高无上的恩赐，使得福音更能传扬”。在1517年马丁·路德提出他的抗议之前，人们已经用一些本国的民族语言印刷《圣经》，使宗教改革的条件日趋成熟。福音真理不再是少数人所专有，而为普通百姓所能学习和理解。与此同时，新教徒也利用印刷的小册子、传单和布告等方式，广泛传播其观念和主张。如果没有印刷术，新教的主张可能仅限于某些地区，而不会形成为一个国际性的重要运动，从而永远结束教士们对学术的垄断，克服愚昧和迷信，进而促成西欧社会早日脱离“黑暗时代”。

印刷促进教育的普及和知识的推广，书籍价格便宜使更多人可以获得知识，因而影响了他们的人生观和世界观。书籍普及会使人们的识字率提高，反过来又扩大了书籍的需要量。此外，手工业者从早期印行的手册、广告中发觉印行这类印刷品可以名利双收。这样又提高了他们的阅读和书写能力。例证说明，印刷术帮助了一些出身低微的人们提高了他们的社会地位。如在早期的德国教会改革中就有出身鞋匠和铁匠家庭的教士和牧师。这充分说明印刷术能为地位低下的人提供改善社会处境的机会。

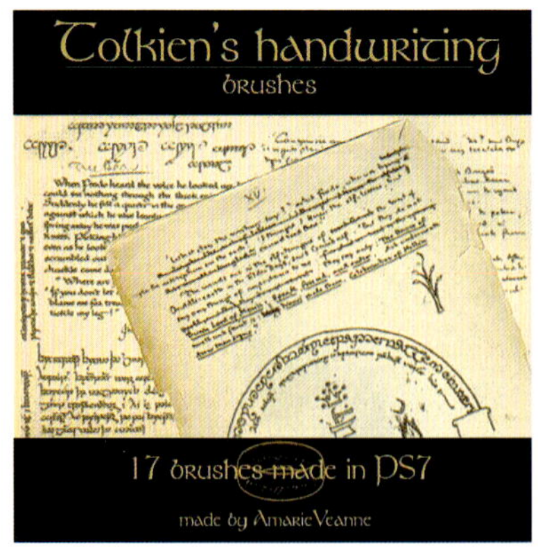

图 4-36

第五节　从纸张到光盘

随着技术的发展，纸质媒介逐渐又被一种更高级的媒介所代替。光盘的出现，宣告了现代传媒的又一根本变化，电子文本又一次以全新的面貌介入人类信息传播领域。

光盘，是一种利用激光将信息写入和读出的高密度存储媒体。能独立地在光盘上进行信息读出或读、写的装置，称为光盘存储器或光盘驱动器。由于早期软盘的容量小，所以光盘凭借大容量得以被广泛使用。我们听的CD是一种光盘，看的VCD、DVD也是一种光盘。

现在一般的硬盘容量在几十到几百GB之间，软盘的容量为1.44MB多，CD光盘的容量大约是650~700MB，DVD盘片单面4.7GB，蓝光光盘可以达到25GB，它们之间的容量差别，同相关的激光光束的波长密切相关。

光盘的存储原理比较特殊，里面存储的信息不能被轻易地改变。光盘除已较广泛地用于文娱、教学、职业训练等领域

图 4-37

E-Paper Product Roadmap

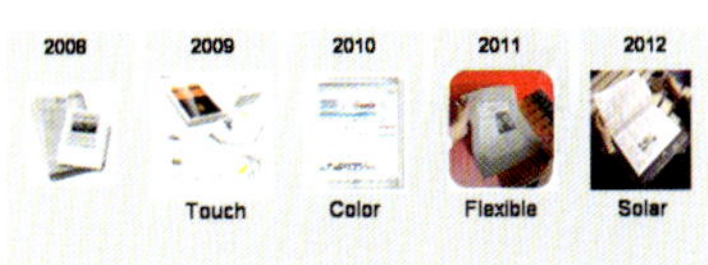

图 4-38

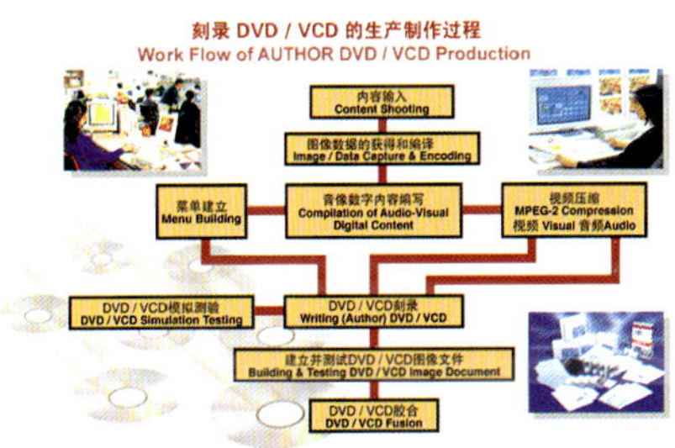

图 4-39

图 4-40 光盘已成为发布与交换媒介

图 4-41

图 4-42 手工造纸已成技艺表演

图 4-43

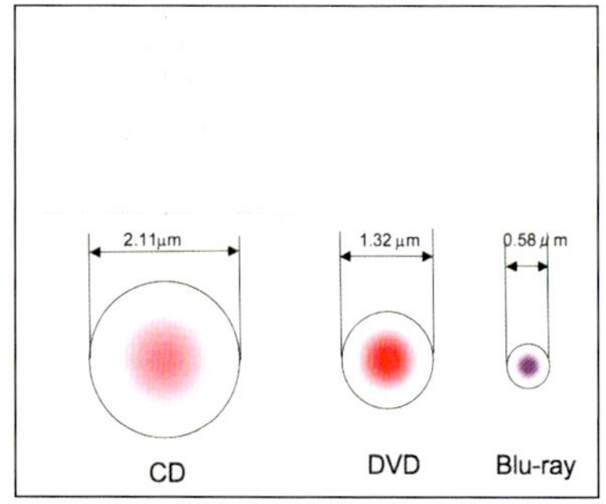

图 4-44 光盘激光束比较

外，在情报图书领域已实现商品化的有下列几个主要方面：①情报图书资料检索。美国图书馆公司的书目文档小型光盘只读存储器，每张存储100万条机读目录（MARC）记录。信息存取公司的Info-trac电视唱片题录系统，每张存储50万条报刊题录。伯格曼公司PATSEARCH电视唱片，每张存储约8万幅图像，用以配合专利数据库向用户提供美国专利的插图。②百科全书、手册、指南等的存储。如美国阿塔里公司已将格罗利尔公司出版的《美国学术百科全书》制成CD-ROM版本发行。③全文影像资料的联机提供。采用一次写入光盘存储影像资料，构成光盘文件存档系统，能实现全文资料的联机提供。大型系统可做到存储2500万页资料全文，从中取出任何一页资料平均只需几秒钟。当前美国、日本、欧洲专利局已进入试用阶段。美国国会图书馆正试验利用光盘永久性保存纸质资料。一张光盘的信息可靠保存期虽不够长，但运用数字纠错技术，可保持原样地一代接一代翻录下去。采用光盘存储还使原始纸质资料的存储空间缩小200～1000倍。

一般而言，光盘片的记录密度受限于读出的光点大小，即光学的绕射极限（Diffraction Limit），其中包括激光波长λ，物镜的数值孔径NA。所以传统光盘技术要提高记录密度，一般可使用短波长激光或提高物镜的数值孔径使光点缩小，例如CD（780nm，NA：0.45）提升至DVD（650nm，NA：0.6），再到Blu-ray Disc盘片（405nm，NA：0.85）。

对于CD光盘，激光束会集到一点的距离需要1.2mm，这就决定了CD光盘基板的厚度为1.2mm。CD光盘的基板过厚或过薄，激光束都不能会集到一点，从而严重影响数据的烧录和读取。而DVD光盘的激光束会集到一点的距离只需要0.6mm，这决定DVD光盘基板的厚度为0.6mm。不过，0.6mm的厚度太薄，其制造出来的光盘也会因为太薄而容易折断。因此，在DVD的实际制造过程中，会把两片0.6mm厚的基板叠合在一起，共同组成1.2mm的厚度。当然，在这种情况下，只有一片基板在记录数据，而另一片基板则完全起保护的作用（双面DVD除外）。

作业与要求：

对比论述印刷术和数字技术对媒体的影响。

查阅相关资料，结合传统媒体和现代新媒体使用中的体验进行描述；要特别注意这两项关键技术的突破所带来的对知识传播和学习方式、行为方式的影响。

思考题：

1. 中国当代媒体传播的技术特征分析。
2. 现代中国传媒形式演变和现代中国社会发展之间的关系。

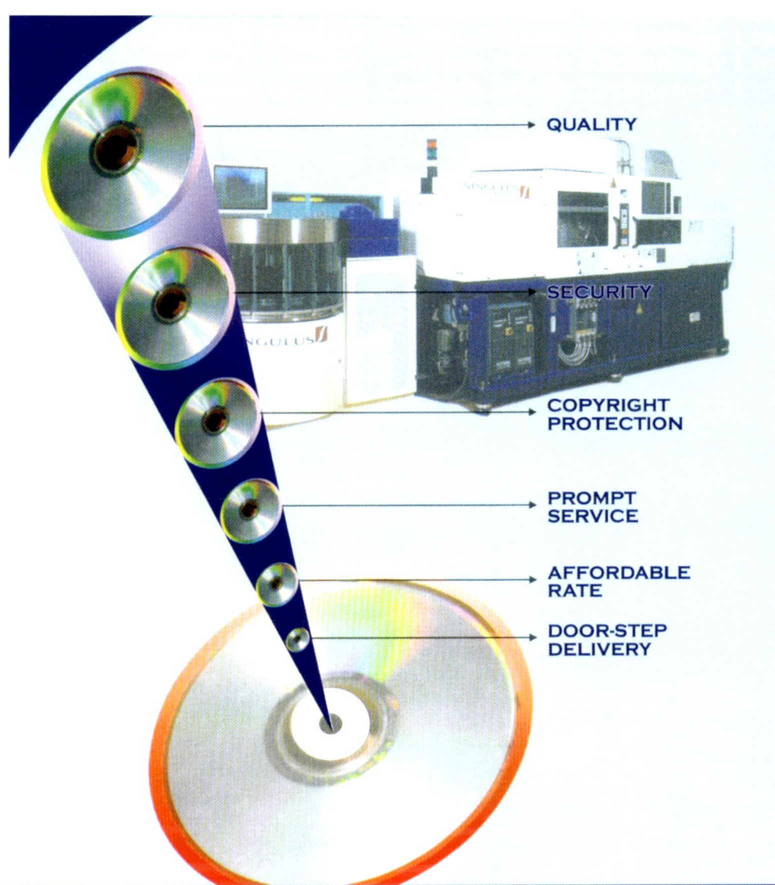

图 4-45

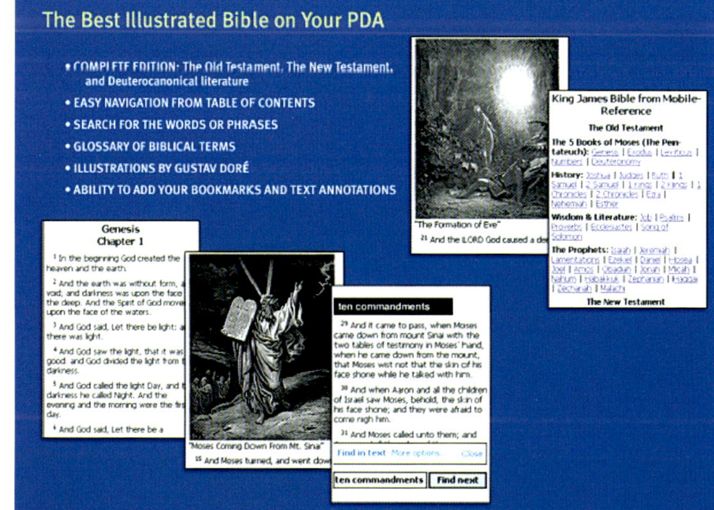

图 4-46

图 4-47

图 4-48

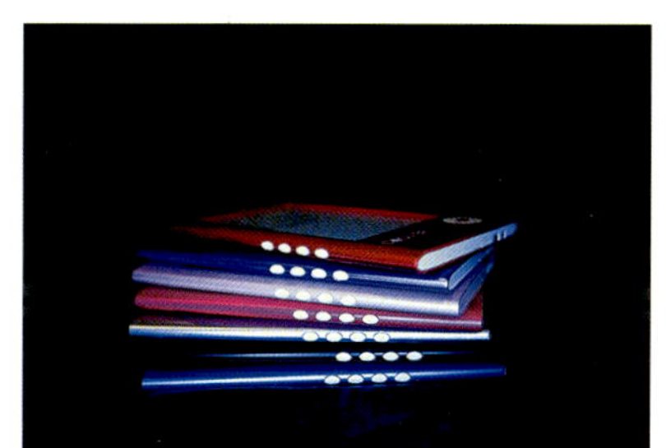

图 4-49

图 4-50

MADE IN U.S.A.

第五章　媒体传播价值

学习目标：

了解媒体在传播学视野中的地位与作用，了解媒体对现代广告业和营销业以至现代人生活方式和行为方式的影响；深刻认识各种媒体之间不同的传播形式和技术手段所带来的不同的传播效益。

学习重点：

媒体在传播中的价值分析。

学习难点：

各媒体在实现传播价值中所运用的不同形式。

媒体的价值就在于传播，即发布公告、传达信息以及媒体产业化后的商业价值、文化价值。

研究媒体的一个重要任务就是要研究媒体的价值。前文的“说文解字”和逐项分析，若不能落实到创造价值上来，所有的研究工作就真正成了没有实效的“研究”——为了研究而研究。

21世纪是网络的世纪。在20世纪的最后几年，互联网一经登陆中国，便以强势媒体的姿态出现，发展势头迅猛，社会影响广泛。1998年5月，联合国新闻委员会正式提出，继报纸（杂志）、广播、电视之后，互联网成为“第四媒体”。到了2000年，在国内有一定影响的媒体纷纷“触网”，以至于这一年被人们称为新闻媒体的“上网年”。从此，互联网有了与三大传统媒体相平等的大众传媒地位。

图 5-1 各类媒体机构

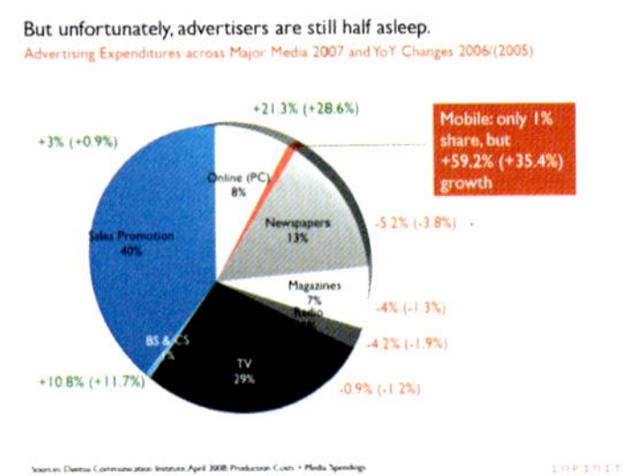

图 5-2

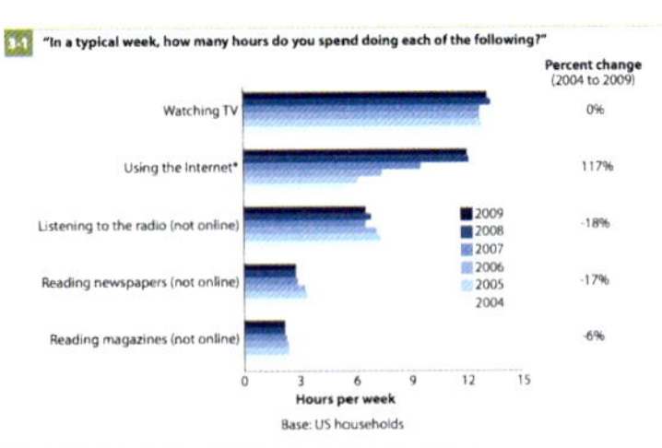

图 5-3

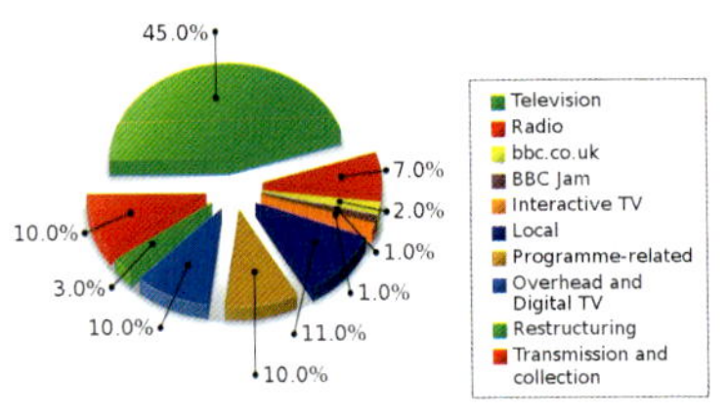

图 5-4 媒体份额饼图

第一节 媒体比较

最好的媒体是不存在的，完美无缺也是不可能的。优劣都是相比较才产生的。较之于传统媒体，新媒体自然有它自己的特点。相对于旧媒体，新媒体的重要特点就在于它的消解力量——消解传统媒体（电视、广播、报纸、通信）之间的边界，消解国家与国家之间、社群之间、产业之间的边界，消解信息发送者与接收者之间的边界。

新媒体可以与受众真正建立联系，同时，它还具有交互性和跨时空的特点。另外，新媒体给媒体行业带来了许多新的理念和模式，如节目专业化越来越强，卖方市场转向买方市场等。

一、媒体为王

其实在整个传播过程中，最有价值的是信息，媒体只是中介。但大众传媒的垄断性使得“媒体为王”，而“内容为王”是要在信息发布之后的。这一点应该不难理解：某位作家在作品没有发表之前肯定不是著名作家。虽然该作者是否著名肯定应该靠作品说话，但他的“著名”作品若始终得不到出版——他非但不著名，连作家也算不上；某位相当有潜质的演员被“雪藏”了，他（或她）还有没有可能成为耀眼的明星呢？

媒体的价值在于控制信息的传播，因而控制力的大小就决定了媒体的价格。

试问：CCTV和地方TV哪家媒体的发布费用更高？

二、旧媒体的劣势

从现代传播学的角度来看，信息中介即如何把信息以某种形式传播出去在现代信息社会是个重要的问题。介于媒体这一中介的角色，媒体研究首先要关注的是媒体的历史。就媒体及其在信息传播中的作用来看，“媒体”这种形式在文明发展的过程中早已存在。其中，一个明确的分界，就是工业革命使人类进入机械文明以后，科学技术突飞猛进的发展和现代社会对信息传播的特殊需要，使得媒体进入了一个飞速发展的时代，与手工业时代的媒体形式有本质的区别，以此论之，工业革命以前的媒体形式可以概括为旧媒体，人类进入机械文明之后媒体的发展可以概括为现代媒体。媒体的新旧之分有形式上的差异，但本质上来说，媒体的中介的特质并没有改变。

1. 社会生态的不同决定了旧媒体以纸质传播为基本形式。传播的速度和效率与新媒体相比差距很大。飞鸽传书、快马传信等形式已经成为历史。

2. 旧媒体在形式上的改变与手工业时代的技术发展密切相关。技术落后决定了旧媒体传播的效率低下。尤其在教育相对贫瘠的民间，口口相传还是基本形式。

3. 旧媒体与其他学科的关联性不强。毕昇的活字印刷、古登堡的印刷革命虽然极大地推动了信息传播的大众性，但是，旧媒体学科单一，现代媒体与信息学、运筹学、电子学、伦理学等学科关系密切，单一的学科不足以解决现代传播的需要。

4. 旧媒体民主化特性不明显。古代人由于社会经济发展水平以及

人文发展水平的限制，不能如现代人一样享受大众传播时代带来的丰富信息，普通人接受信息的渠道和可能性远远不及现代，传播的深度和广度也远远不及现代。

5. 旧媒体的作用不如现代明显。信息传播尤其在军事和政治领域极为重要，但是在现代新媒体时代，媒体显现出现代信息社会的特点。当今社会，对每一个人而言，通过媒体接受信息在自身的发展中越来越重要，人的真正全面发展越来越依靠信息获得的多少，新媒体时代的特点之一就是：它真正使得每个人公平接受信息成为可能。

新媒体与传统媒体最大的区别，就在于传播状态的改变：由一点对多点变为多点对多点。从传播学的角度来分析，新媒体传播的主要特点是：每个人都可以进行大众传播；大众传播的“小众化”。新媒体近乎于零费用的信息发布，对受众多为免费，这对传统媒体的新闻产品制作成本造成挑战。在普通人“生活报道”中，手机、互联网、博客以及播客密切配合，将“第一时间、第一现场”的权力逐渐拉到了平民百姓手中。

三、纸媒逐渐消亡

纸媒竞争不过网媒已经成为事实。信息传播的时效性、广泛性、全面性等诸多优势已经全面转移到网络。在财政监督日益走向完善的前提下，纸媒靠业务员喝酒推广的道路必将走不通，网络信息不用任何形式的推广就可传播的特征已经使得传统媒体在竞争中苟延残喘。

网络能调动最大的经济支撑能力和人力资源。纸媒耗财耗人，而网媒能将各类广告直接积聚起来，不仅可以支持网络本身，同时能给作者支付稿酬。此外，作者队伍既能提供稿件，又能同时兼任编辑。即使很多作者得不到稿酬，他们也心甘情愿在网络上发布信息。这一优势，更为纸媒所不具备。

网络内容远较纸媒丰富多彩。随着网络的进一步繁荣，商业和其他网站就可能得到长足发展，成为新闻发布的优良载体，替代当今报纸的所有功能（也会把广播、电视的功能集纳到网络之中），由文字、漫画、图表、照片、音频、视频、丰富的相关资料的超级链接等多种元素组合而成，并且这些元素成为其有机组成部分，成为巨大的“多媒体”。

尤其应当注意的是，近些年，美国报界广告收入持续下滑，广告商更愿意向费用低廉的网络传媒进军，经济衰退更令报纸广告营销举步维艰。人们十分关心放弃纸媒后的《西雅图邮报》的经济前景，大家都想知道只经营网络版的报社能否赚钱。而仅仅根据现状，网媒比纸媒能赚钱已是不争的事实。可以预测，如果《西雅图邮报》经营得法，闯出新路，它就不仅能引领美国媒体的转轨，也将推动全世界的媒体改革，使媒体全面走向网络时代。

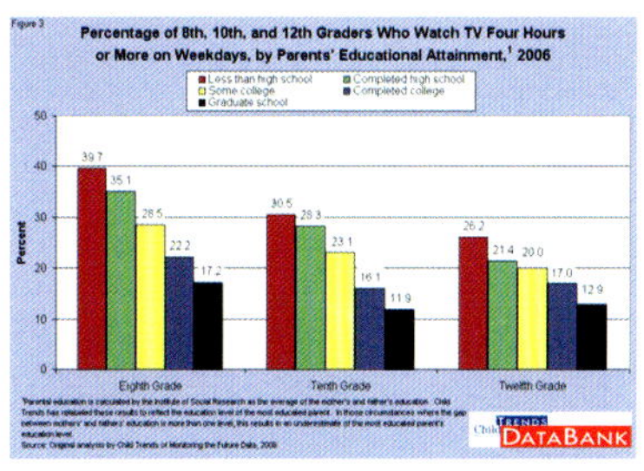

图 5-5

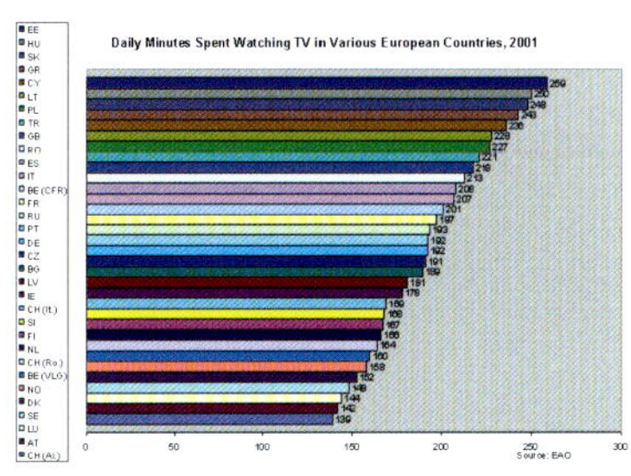

图 5-6

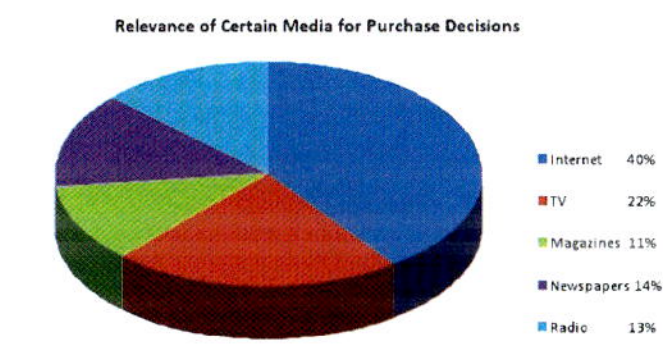

图 5-7 媒体购买决定饼图

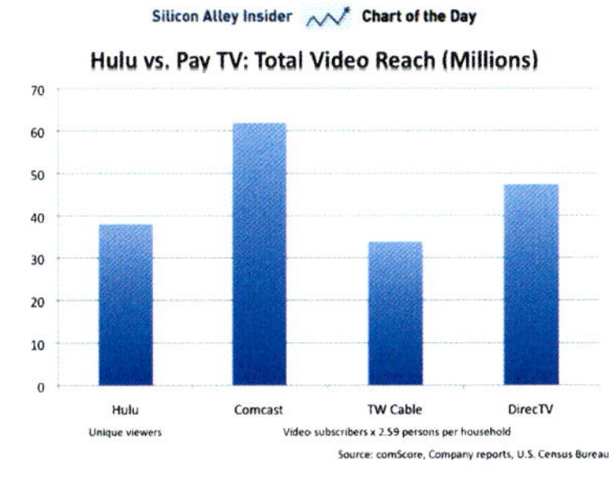

图 5-8

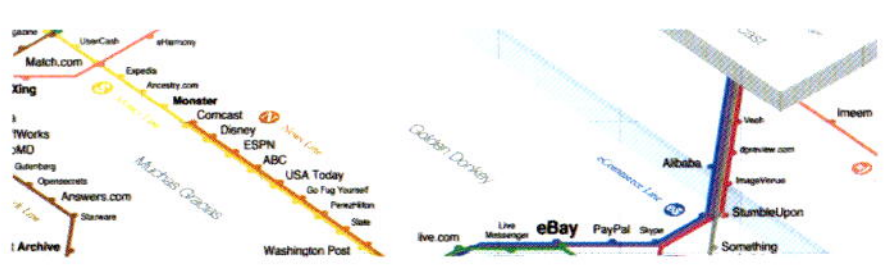
图 5-9 网站分类线路图

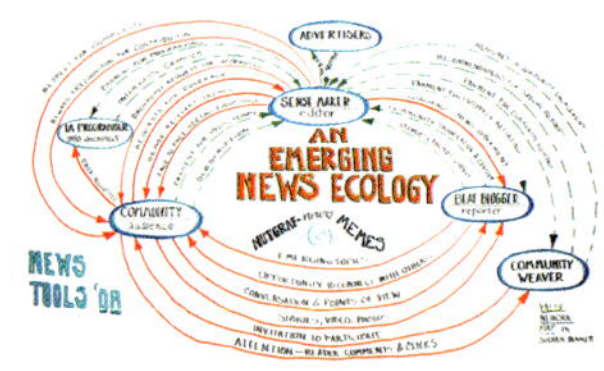

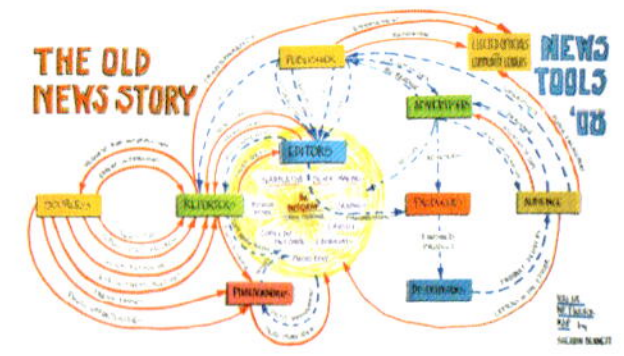

图 5-10

图 5-11

图 5-12

图 5-13

第二节　媒体传播路径与模式

一、路径创造媒体

路径是指通向某个目标的道路、门路与方法。

信息就是内容。

内容不同选择的媒体就不同：

静态文字、图片——通过纸张（报纸、杂志、DM）；

声音——广播、电视；

影像——电影、电视；

动态文字、图形图像——网络、互动电视（数字电视）。

在内容一定的情况下，“走什么路”、用什么方法将内容“送”出去也造就了媒体的不同。

“送”出去的范围不同：

希望所有的人都能收到——大众传媒（报纸、杂志、广播、无线电视、门户网站）；

希望特定的人群收到——小众传媒（用户订阅的手机信息、直投DM、POP、窄播、闭路电视、专业网站）。

二、媒体传播模式

美国政治学家H. D. 拉斯韦尔在1927年出版的《世界大战时期的宣传技术》一书，被认为是运用系统的、科学的方法分析传播内容的先驱之作。1948年，拉斯韦尔发表论文《社会传播的构造与功能》，提出了传播过程的5因素模式（谁？说什么？通过什么渠道？对谁说的？产生什么效果？），并提出了相应的控制（传播者）、内容、媒介、对象（受传者）和效果5项分析。此文还提出人类社会中的信息传播有3项功能：①对外部世界进行监测（侦察环境）；②使社会各部分联系接触（协调正反）；③传播社会传统与文化（传递经验）。拉斯韦尔提出的关于传播的模式与功能，对传播学的发展具有较大影响。

西方传播学的一个显著特征，是对传播效果研究的重视。关于传播效果的模式有：

1. “神弹”模式。最早出现且已被否定的模式。认为宣传就像枪弹射击靶子一样，枪一响，靶子就会倒下。后来的研究表明，人际传播不可能产生像枪打靶子那样的神奇效果。

2. “有限效果”模式。认为传播效果只能是有限的。

3. “使用和满足”模式。认为传播研究人员应从受传者的角度研究传播效果，受传者在使用传播媒介时有着不同的动机和目的，从而引出不同的传播效果。

第三节 传播创造信息价值

“流水不腐”说的是自然状态下的水流动起来就能长久新鲜。当然是新鲜的水更有价值了。信息也一样。“百年老店”已经是一个强势品牌了，如若躺在过去的成就里，很快就会倒掉。

名牌产品停止做广告很快就变成了非著名产品。无论做广告、做公关、做活动，不同名称下的工作，实则是在做同一件事情——都是在做信息传播的策划，让信息“流”动起来。

各种媒体在信息传播中的不同的传播方式和各自的优劣，使得媒体在实现信息传播价值的创造过程中的作用也不尽相同。概括而言，可以从静态媒体和动态媒体两个方面加以分析。

一、静态媒体

静态媒体主要靠的是视觉和触觉的感受进行视觉传播，其信息的传播方式更依赖于信息形式对人的视觉和触觉感受的展现。换句话说，静态媒体能不能发生传播效果，在于能不能激发阅读者的注意，尤其因为静态媒体更多的是依靠视觉的刺激，那么，版式、色彩、材料就是其激发阅读的关键因素。对于不感兴趣的信息，阅读者当然就不会受到感染，传播的价值也就不会得以实现。这种媒体在信息传播中的一大优势是：一旦激发阅读者的兴趣，其信息传播的耐久性和保存便捷性，便不会受到“界面”的限制，并且会具有很高的文化附加值。

二、动态媒体

动态媒体实现了受众各种感觉器官的介入，充分调动了受众的听觉、视觉、味觉、触觉等各种感觉，尤其是声音和立体的信息传播方式使得其传播吸引力大大增加和增强，是当代新媒体的主要发展方向，进而改变了信息传播和知识传播的方式，甚至改变了人们的传统生活方式和行为方式。动态媒体的显著特征与现代技术发展的关系尤为紧密，更新频率快、形式多样，大大加速了信息传播的效率和速度，最大程度地实现了信息传播的大众化和民主化，且便捷、美观、迅速。但是，其经典性地位和文化附加值的持久性不如静态媒体。

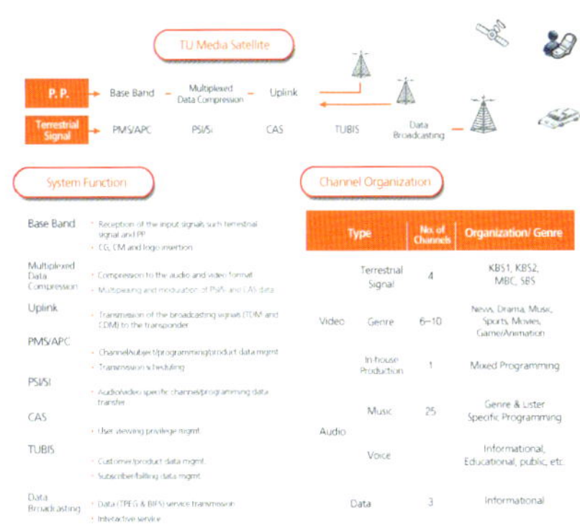

图 5-14

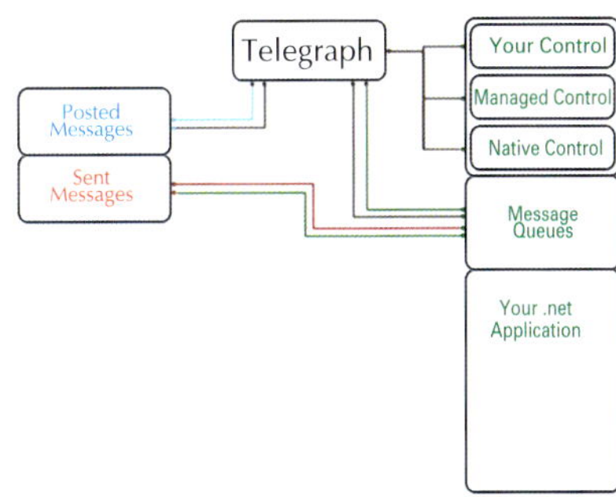

图 5-15

图 5-16

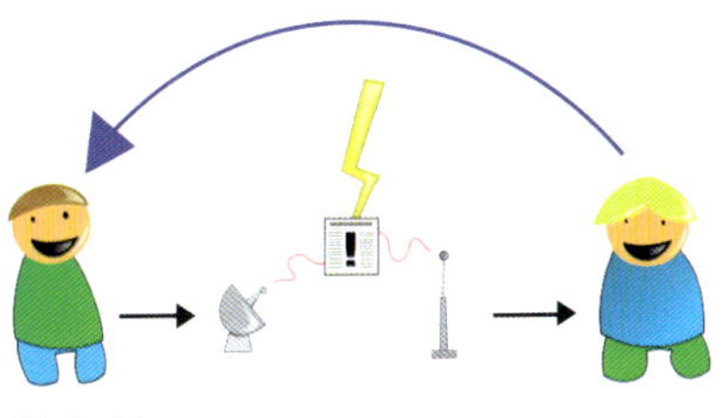

图 5-17

Table II Cross-tabulation of advertising media with reaction to the ad

Advertising medium	Reaction to the ad			
	Liked	Neutral	Disliked	Total
TV	645(73.0)	58(6.6)	181(20.5)	884(76.7)
Internet	45(48.9)	21(22.8)	26(28.3)	92(8.0)
Radio	33(41.8)	7(8.9)	39(49.4)	79(6.6)
Magazine	67(88.2)	6(7.9)	3(3.9)	76(6.6)
Newspaper	11(52.4)	1(4.8)	9(42.9)	21(1.8)
Total	801(69.5)	93(8.1)	258(22.4)	152(100)

Notes: χ^2 =92.2, df=8, p <0.001, contingency coefficient=0.272. Figures in parentheses are percentages

图 5-18

图 5-20

图 5-19

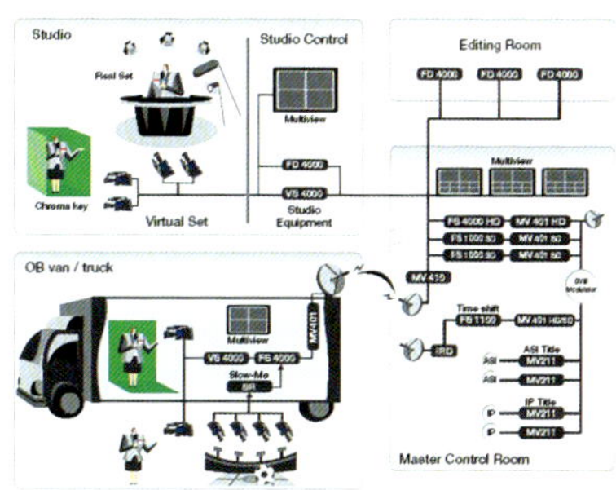

图 5-21

作业与要求：

将某一广告产品不同时期所采取的不同媒体传播形式作对比，论述不同媒体选择所带来的不同效益。

作业要充分体现对不同媒体形式的运用所带来的不同价值的分析；在查阅相关资料的基础上，切实感知不同媒体所体现的不同的传播价值。作业范例形式多样，体现应用性、可操作性。该部分是亮点和特色的集中体现。

思考题：

1. 西方知名品牌是如何针对中国的现状，最大限度地实现媒体传播价值的？

2. 我国当前的媒体形式结构和我国国情发展的现状有什么关联？

How are people using on-demand media?

In early 2008, we studied how people find, play, personalise and share programmes across different devices and services – like BBC iPlayer, Sky+, YouTube, peer-to-peer and traditional TV and radio. We discovered what is important for people and what problems they face.

We asked 10 members of the public around the country to take part in our study. They kept "media use" diaries for two weeks and were interviewed in their homes about their entertainment habits. We found that people watch TV or listen to the radio not for its own sake, but in order to achieve a range of goals - such as to relax, to keep up to date or to spend time with each other. This is not new. What we also saw was how these goals are being achieved in we ways we didn't expect.

This rich picture expresses some of these insights, and is accompanied by a detailed findings poster and a "Day in the Life" leaflet.

BBC User Experience & Design, October 2008. Contact: Adam Hutchinson

第六章　媒体学科交叉

学习目标：

了解媒体发展与其他相关学科之间的相互影响、相互促进的关系 了解现代媒体形式是如何运用现代心理学、营销学、经济学等进行媒体新学科交叉的。

学习重点：

媒体发展和其他相关学科之间的关系。

学习难点：

媒体所带来的相关学科和产业的理解。

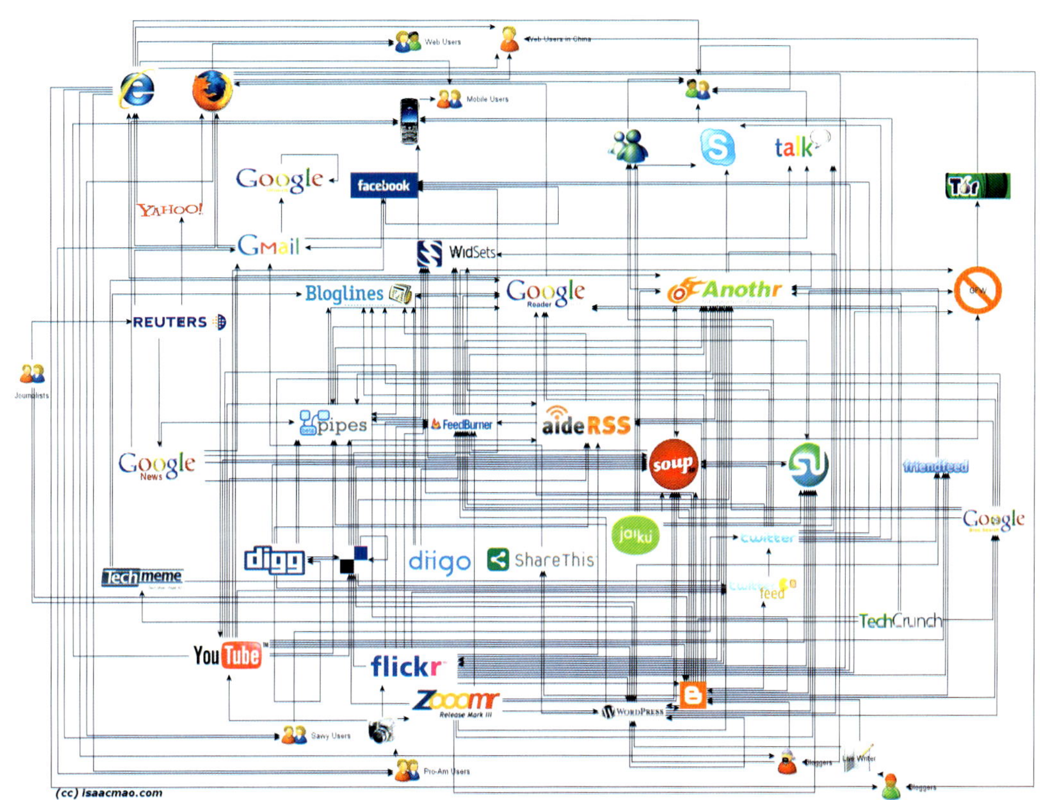

中国的媒体与传播学研究，起步于20世纪80年代初，现正处在翻译、评介西方的传播学基础理论，并逐步和中国传统的新闻实际相结合，研究中国的传播理论阶段。

交叉是学科发展的动力和趋势，媒体研究尤甚。下面仅列几个新学科研究热点。

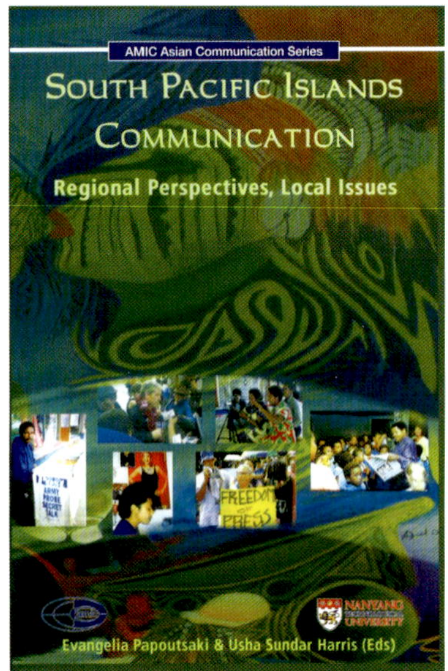

图 6-1

图 6-2

第一节　媒体传播学

传播学（communication theories）是研究人类信息传播行为及其规律的多学科交叉融合的综合性学科。“communication”一词源自拉丁语“communis”，意即“共同分享”。“传播”是其汉译，意即思想、观念、意见的相互交流。挖掘其深层含义，“传播”的目的是为了“共同分享”，汉译更强调的是共同分享的过程描述。传播过程就是人与人共享信息、观念、意见的过程。

对于人类传播现象和行为作系统的、科学的研究，始于20世纪20年代的美国。20世纪20年代前后，与传播学有密切关系的学科，其中主要是社会心理学、社会学等现代科学，在基础理论和研究方法上的重大进展，为人们从不同角度去探寻人际信息传播的内在规律，提供了理论上和方法上的指导。苏联心理学家N. H. 巴甫洛夫的条件反射学说，奥地利心理学家S. 弗洛伊德的团体心理学说，以及美国的专栏作家W. 李普曼的《舆论》一书，美国民意测验创始人G. H. 盖洛普的博士论文《应用客观方法衡量读者对报纸兴趣的一种新技术》，都对传播学的诞生有重要影响。

20世纪40年代，社会科学领域的一些学者参与了拉斯韦尔所进行的传播研究。如在美籍奥地利社会学家和心理学家P. F. 拉扎斯菲尔德主持下，将传播媒介置于社会环境中去考察传播效果，提出了“二级传播理论”，为传播学的渠道研究作出了贡献。20世纪50年代初，拉斯韦尔等人对信息传播特别是大众传播的多学科研究，引起了美国新闻界的重视。新闻学家W. 施拉姆于1948年在伊利诺伊大学成立了美国第一个传播研究所，把新闻学同传播学综合起来。20世纪40年代末以来，信息论、控制论、系统论的出现，为传播学提供了新的理论武器与研究手段。传播学者们把信息、控制、反馈、系统等概念引入传播研究，提出了描述和解释传播现象和行为的一系列新的理论模式，从而使传播学初步形成体系。

20世纪50年代后，美国成立了全国性的传播学研究协会，创办了数十种专业刊物，许多大学也纷纷成立传播学研究所。60年代前后，传播研究在西欧各国普遍开展起来，并形成了同美国传播学派相区别的西欧批判学派。20世纪60年代后期，传播学研究开始在苏联、东欧展开。

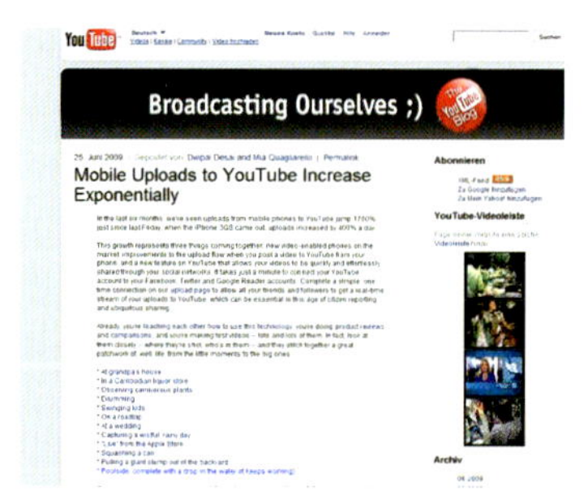

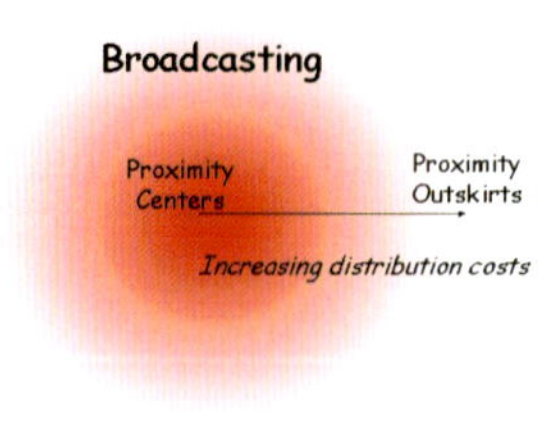

第二节 媒体心理学

心理学是研究人和动物心理活动和行为表现的一门科学。心理学一词来源于希腊文，意思是关于灵魂的科学。灵魂在希腊文中也有气体或呼吸的意思，因为古代人认为生命依赖于呼吸，呼吸停止，生命就完结了。随着科学的发展，心理学的对象由灵魂改为心灵。科学的心理学不仅对心理现象进行描述，更重要的是对心理现象进行说明，以揭示其发生发展的规律。直到19世纪初叶，德国哲学家、教育学家赫尔巴特才首次提出心理学是一门科学。

在德国，每天看电视在三个半小时以上，可以改变一个人在社会上的行为。媒体心理学专家家彼特·温特浩夫·斯伯克通过研究得出结论说，看电视给现代人带来了“冷酷的心”。电视使社会的情感结构趋于肤浅、人的情感趋于做作，结果是情感交流变成了经过精心设计的自我表演，人们不断追求新的刺激。感情只是被表演给人看，而实际上并没有被感受到。

电视可以改变一个人的性格，其结果就是人们成为患上冷漠症，缺乏社会热情，对他人缺乏情感认同的独行者。

被媒体包围的未来公民将是这样一种类型的人：他们精神脆弱，自我中心，只注重外在表现，醉心于人工策划的事件。这一变化造成的结果就是社会凝聚力越来越脆弱。电视和电脑（网络）对个人和社会的发展起到了误导的作用。在所谓的具有绝对灵活性和移动性的时代，社会联系的纽带越来越不可靠，而新媒体就成为了一个隐蔽的教育工作者。当家长、亲友或者老师在青少年心目中不再成为榜样时，媒体中的形象就取而代之成为新偶像。

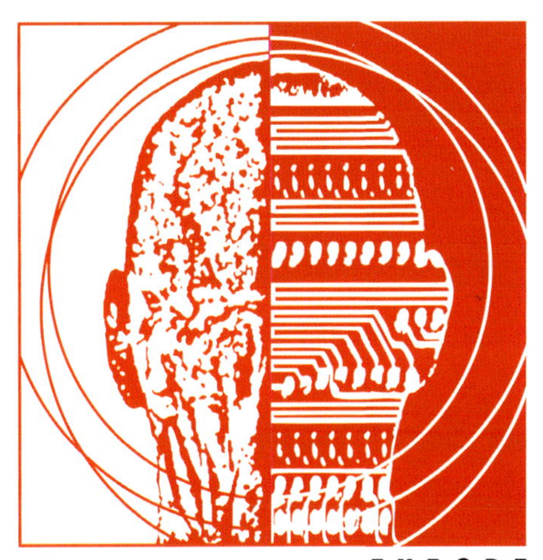

图 6-3

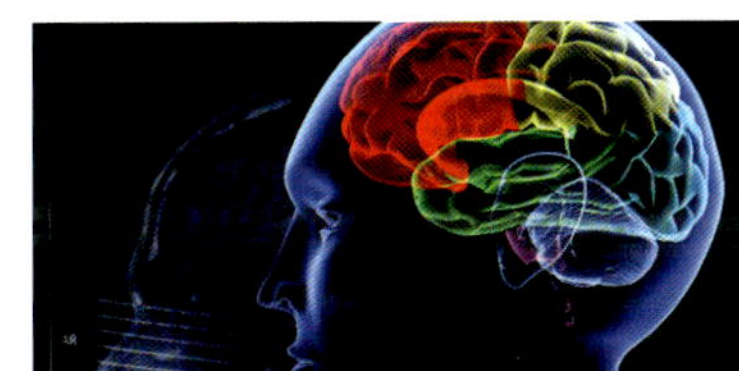

图 6-4

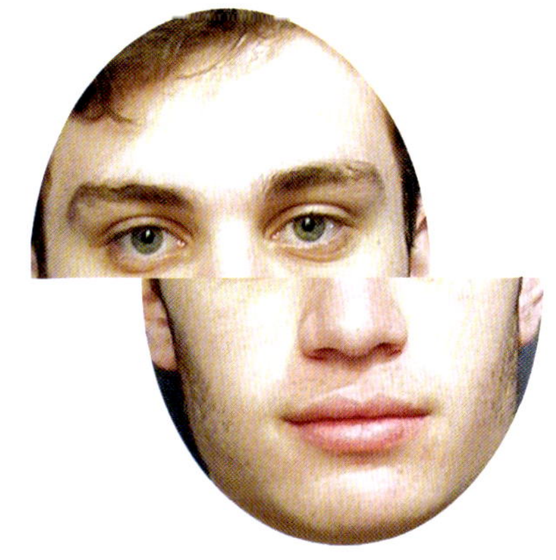

图 6-5

图 6-6

图 6-7

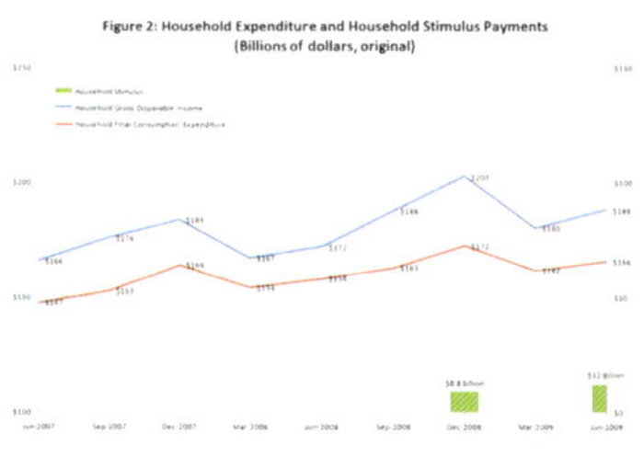

图 6-8

第三节　媒体经济学

将经济学的相关理论与媒介市场的特殊现象相结合，在对市场中的行为主体，即生产者、消费者与政府的行为决策进行剖析的同时，辅以媒介案例，解析媒介经济现象是媒体经济学需要解决的问题。由此必须考察市场竞争、劳动力需求、生产者决策、媒介产品的市场表现等推动媒介市场的力量，从更深的层次来分析媒介背后的经济现象。

一般说来，媒体经济学的研究内容包括：市场经济一般原则，即需要与欲求、分配、市场经济的发展及其重要原则、媒介与市场；媒介市场的特殊性、相关的问题、内部的竞争、媒体间的竞争、市场结构与市场力量等方面；在消费者的选择与市场回应中的效用方法、效用与价格、消费者需求以及它们之间存在的若干问题；生产者的选择与市场的回应，主要内容是与流通分配经济学相关的成本、利润与产品供应、生产者与消费者的汇聚、媒介产品的供应问题；不同市场结构下市场行为与媒介行为的相关问题；媒介表现与资本市场的联系；在媒介经济运作的基础上加入政府因素的相关问题；与媒介市场有着密切关系的劳动力市场的供求与价格等问题。

经济学的本原就是：稀缺。林林种种的理论都是建立在这个基础上。媒体经济学却“颠覆”了这个概念。媒体制造的内容也好，受众也好，都是可以一再被消费的。一本书，可以传给无数多人看，一张报纸，可以流传百年。媒体经济学的本原是：规模、范围。

所以，媒体有着不可遏止的扩张动力。强大的媒体，一定是庞大的媒体集团。为了规模和范围，成功的媒体一定是多方位的媒体。于是，广告学也逐步演化成这样一个名词：整合营销传播（Integrated Marketing Communication，IMC）。整合，是极其重要的媒体经济学概念。

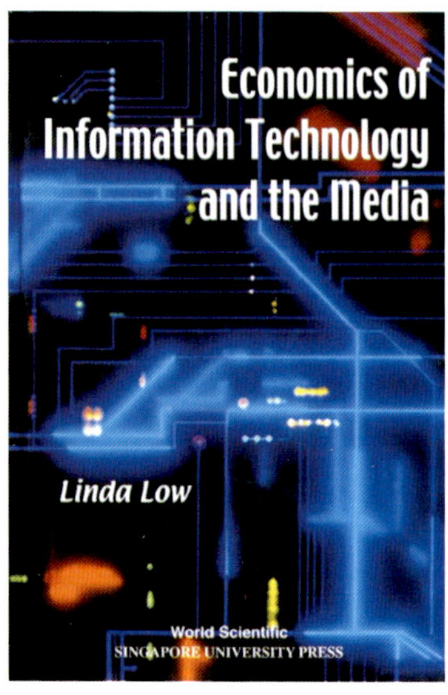

图 6-9

第四节 媒体伦理学

本书所及的媒体伦理并不是媒体人务必要恪守职业道德规范之类的内容，因为这方面专门的论著很多，而且从业人员必然少不了各类长期和短期的岗前培训。我们希望传达的是，在“网民媒体”大行其道的新时代背景下，提请大家给自己的“无限自由”找一个看门狗（watchdog），自己做自己的把关人。

网络是绝对自由的吗?

我们有意无意都会发现在崇尚自由的Google的搜索结果页面下方有这么一行字：“据当地法律法规和政策，部分搜索结果未予显示”；常在网上发贴的师生也会注意到某些关键词不会被显示，甚至某些“个人”的博文也会被删帖甚至压根发不上去。有人会恼火：都什么时代了还这么严格审查，太不自由了。

那么，有没有绝对的自由呢？对未经确认的信息盲目跟帖会有什么后果呢？让我们看一下这一现实悲剧：“表演系女生因‘人肉搜索’被前男友杀死，网友自责助纣为虐”。这是怎样的一个现实悲剧呢？事情得从2004年说起。中考后的两个初中毕业生上网时无意中加了对方的QQ。半年后，两人终于第一次见了面，由于相隔千里，两人平日里都通过视频来联络感情，这段网恋一直保持了4年。2008年8月，女生收到了大学录取通知书而男生落榜，考虑到现实生活中的差距，上大学后，女生把自己的手机号和QQ号等联系方式全换了，不再跟这位网络男友继续联系。女友突然提出分手，男生无法接受自己被抛弃的事实，于是，他想尽一切办法找她，但始终联系不上，便谎称女友忘恩负义，发动网友进行人肉搜索。10月初，他在某知名网站发帖，谎称女孩因家境贫困、无力上学，身为打工仔的他身兼数职供她读书，不料，她考入大学后，忘恩负义，非但知恩不报，还四处散布谣言，说他对她心怀不轨，现今，他已身患白血病，恳求网友热心相助使其在生命最后一刻见这位美丽却没有良心的女孩一面。这个没有经过任何考证的帖子，立即在网上掀起了轩然大波，并迅速在多家网站流传开来。网友纷纷义愤填膺跟帖慰问这位男生，痛骂该表演系女生的不仁不义。短短几天后，她的各项详细信息均被“热心”网友公布出来。她的学校、家庭住址、照片、手机号、QQ号甚至寝室号等个人资料都曝光于网上。她还被众多不明真相的网友称为“史上最不义的女大学生”。这位男生的目的达到了，他顺利找到了“网络女友”的下落，于是买了一把水果刀和一束玫瑰花赶往女生所在的大学……惨案发生！

笔者作为高校教师对于各类校园悲剧其实并不想多提及，更不想妄加评论。然而无知会让盲目的人成为帮凶。我们学习媒体，掌握了媒体的基本知识，不代表我们就拥有了某种“权力”，没有自律，没有伦理底线，学习新媒体照犯老错误。

图 6-10 关注公共利益是媒体的责任

图 6-11 网络隐私越来越受关注

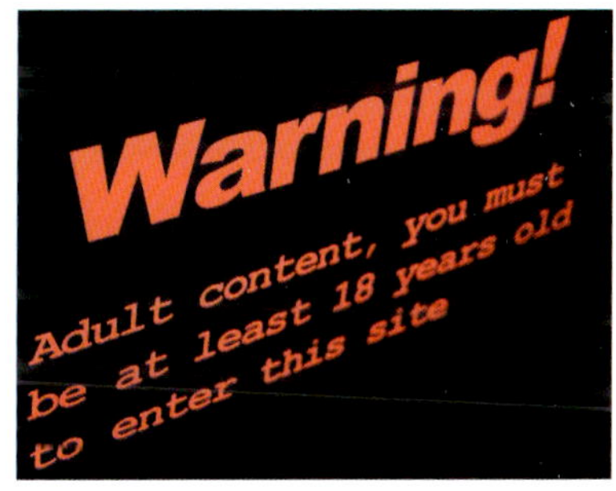

图 6-12 成人内容要有明确提示

图 6-13 少儿上网需受保护

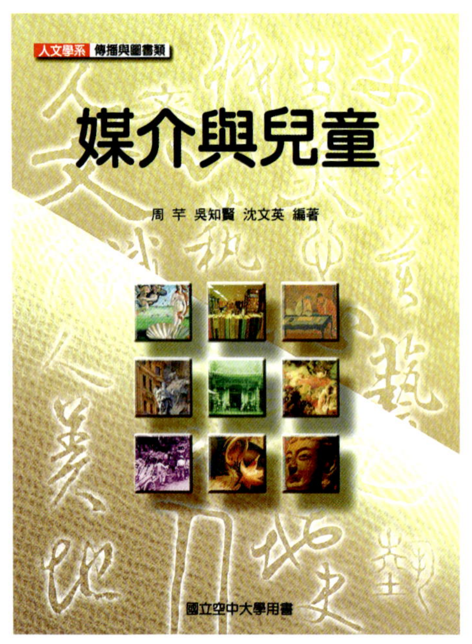

图 6-14 《媒介与儿童》书籍封面

图 6-15 社会伦理的公平性表达

图6-16 ethics-sign

图 6-17

图 6-18

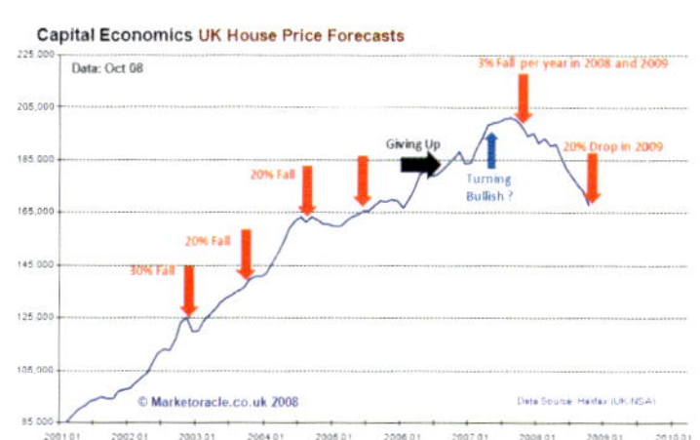

图 6-19

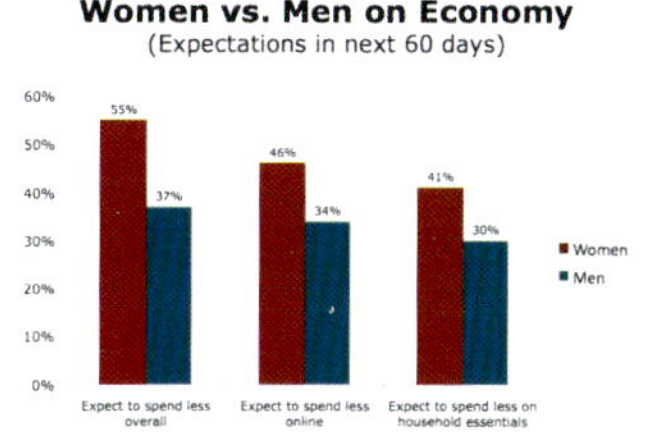

图 6-20

A world away in ethics

Jenny Dillon

LAST century, ethics and business in the same sentence would have been a contradiction in terms.

Now the two are regularly hand in hand, so that reputable business awards now include a socially responsible category.

So for the first time the City of Sydney's Business Awards includes a Fair Trade Award for businesses committed to tackling poverty in Third World countries with which they trade, meaning, among other things, the workers and producers are paid fair wages.

Other fair trade principles include ensuring fair labour conditions, trading direct with the co-operatives to help the producers, promoting democratic and transparent organisations, investing in social development such as health and education and aiming for environmental sustainability.

Jason Lewis, who entered his chocolate Cococo in the awards, said there was a growing appreciation of fair trade-registered goods but Australia had a long way to go to catch up with the way Europe embraced the principle.

"We felt strongly that we didn't want to be involved in selling a product where we were unsure of the labour conditions used to produce the raw materials," he said. "We chose to use the fair trade system and know that the growers were being paid a fair price. It's an ethical choice."

Mr Lewis's sister and business partner Natasha helped set up the fair trade association of Australia and New Zealand.

He said a key selling point for his chocolate, made in Switzerland from cocoa produced mainly in a fair trade co-operative in Bolivia, was that it was an ethical product.

"It is more expensive," he said. "But I would argue that that's the real cost of the cocoa. If the cocoa is being produced at a lower cost, it's at a cost to the growers in term of their health and their wages."

Voting is open for the City of Sydney Business Awards for any business in the city's 23 suburbs with fewer than 200 workers. They can nominate themselves, or let clients nominate them in any of the 23 categories for retail, hospitality, tourism, professional services, education, healthcare, charity and cultural activities.

Each category's five finalists are found by the number of votes they collect, and both nominations and voting close on August 16.

Finalists will be announced on August 24 and the winners at an awards dinner on October 20. The prize pool is more than $25,000.

For more information, go to sydneybusinessawards.com.au

Ethics maketh the company: Jason and Natasha Lewis back Third World workers

图 6-21

作业与要求：

从心理学角度分析一则经典广告所采取的媒体策略。

作业要紧扣本章论述的重难点、目的和要求，做到前后呼应；要加强自主分析，体现应用性，可操作性。

思考题：

1. 试分析现代媒体伦理和传统伦理的异同。
2. 讨论如何在新媒体传播环境中既保持个体自由又不违背伦理规范。

第七章　媒体未来

学习目标：

了解数字化时代的发展对未来媒体发展的影响，了解在生态发展、和谐发展的主旋律中，媒体形式发展的新途径、新环境

学习重点：

数字化时代对媒体发展的影响

学习难点：

如何保持媒体发展的可持续性

“数字化生存”（Being Digital）的提法在20世纪末风靡一时，其背景是数字技术相对于模拟技术的优越性。但是，数字和模拟的竞争，并不见得就已盖棺论定。一旦新型计算机研制成功，“超越数字”也许将成为新的口号。当我们将目光从21世纪初期投向稍远的未来时，所能想象的“数码媒体”将不仅仅是人以电脑和网络为创作手段。日新月异的新型计算机将成为人们交流和生活的伙伴，数码艺术与设计在将来的发展中凭借技术的因素，人机合作功能的进一步完善和发展，必将更多地使人们的所思所想更容易和更迅速地实现。

图 7-1

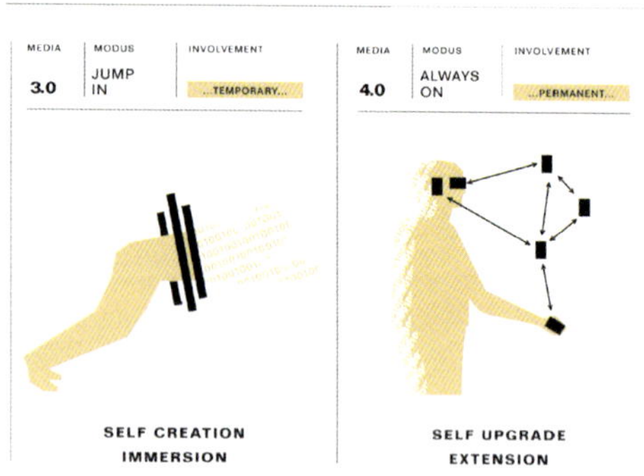

图 7-2

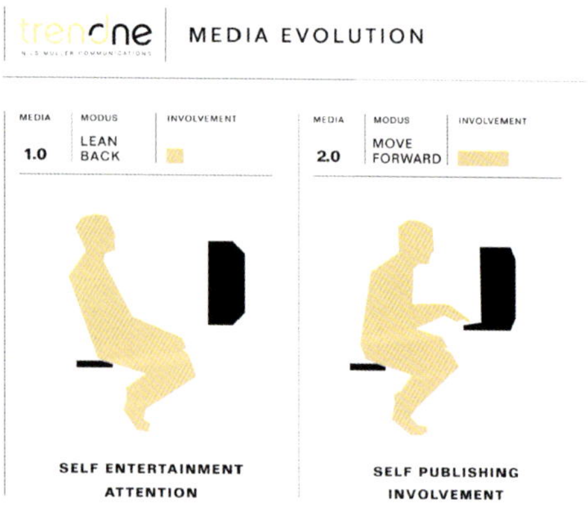

图 7-3

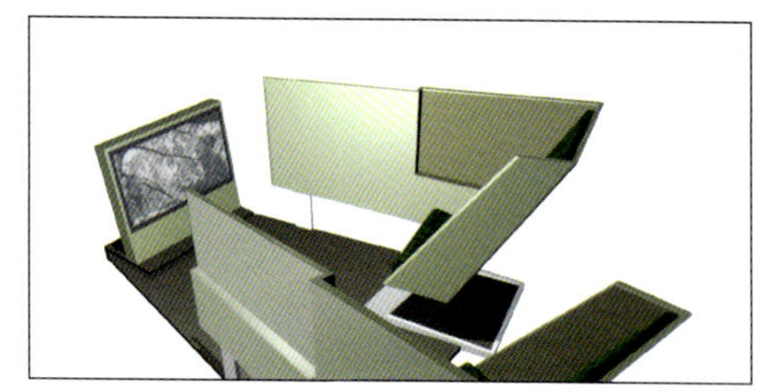

图 7-4 数码个人空间

第一节 新媒体的优势

什么是新媒体？这个问题看似非常简单，实则很难回答。解释之一是它要比现代的数字媒体更为优越，但是“更为优越”的具体内涵又确实是不一而足，它应该是一个复杂而庞大的系统。事实上，以我们当前的阅读容量，从广告学的范畴来思考这个技术性非常强的未来媒体形式并不容易。在我们看来，给新媒体下定义非常困难，但从人文学科的一些背景加以描述，也可以尝试对未来的新媒体进行一些宽泛的界定。

“当代最有影响的未来学家之一”尼葛洛庞帝，1996年在《时代》周刊中《数字生存》第一部第一节中，对计算机和网络的评价是“媒体世界改头换面”；比尔·盖茨在其《数位神经系统》前言中说：“网络替资讯的分享、合作和商务，创造了全新的空间。它提供的是个崭新的媒介，利用电视和电话即时和直接的特性，并且结合了平面通讯固有的深度和广度。此外，替一群爱好者找到大家都想要的资讯，是焕然一新的面貌。”网络时代的新媒体的定位与其基本功能在于传递信息这一点是毫无疑问的，但传递数字化信息绝非是新媒体时代的新艺术特征，它或许会在更广泛和更全面的范围影响和引导着现代人未来的生活方式，也可能会进一步证明由于生产技术的发展进而影响生产关系的根本变革理论的正确性。

传统的报纸、杂志、电视、广播、书籍，显然算不上新媒体。虽然它们也在向这一部分拓展。但是，除此之外，似乎很多东西都可以往里装。比如有人说手机是一种新媒体，也有人说分众传媒的液晶广告算一种新媒体。互联网，当仁不让，更算一种新媒体。很显然在这些新媒体的讨论中，定论的出现并不是最重要的。

一、新媒体的特性

其一，互动性。例如，手机是一种新媒体。由用户主动发送一条索要信息的记录，然后再由另外一方（可能是人，也有可能是一个组织）向其反馈一条信息。互动性还包含一个重要原则，就是用户可以自由退出。互动性使得在公共领域中的传播不仅有大众传播的性质，还有人际传播的特征。

其二，数字化。数字化的内容，使得内容本身得以在更广阔的范围里实现，即以很多种不同形式呈现。

其三，个人化。传统媒体，在面对每个受者之时，都是一样的。比如同一台节目，或者同一张报纸。但是，新媒体不然。同一个网站，用户面对的界面和内容可能不同。原因有两点：一是用户定制；二是传者（也就是网站）根据用户的操作习惯，通过类似cookies技术，给予不同的内容呈现。出现这两个原因的基础，还是受者与传者互动的结果。试想从来没有留下阅读痕迹的用户，怎么会被网站判断出他的喜好？

这三个特点，数字化是本质，互动是表现形式，个人化则

图 7-5

是一种延展。第一个特点决定了受众不再是沉默的受众；第二个特点导致媒体集团化加剧；而第三个特点表面纯粹的自由未必就是一件好事。新媒体的三个特点之间是互相牵制的，比如互动性和数字化。

二、数字化的分众与集中

新媒体不会让所有"草根"（grass roots）都站起来（这里面还有一个动态的数字鸿沟问题），它会在民主性和个性发展上真正起到一种制度文化所无法起到的作用，但数字化却让媒体有进一步集中的趋势。因为同样一份内容可以以不同形式表现，那么内容制作的门槛就会提高。有钱的企业会对内容精心制作，然后以不同形式表现而获得更多的超额利润。这样，小规模的内容制作公司是难以匹敌的。大部分Web2.0（其实这个概念应该从属于新媒体的一部分）公司的命运是被收购，就是这个道理。媒体越来越集中，对于社会发展而言，未必是一种进步。

不过，互动性在削弱这种集中趋势。因为受众已经掌握了一定的话语权。在巨石般的媒体集团下，总会有那么多沙粒似的个人声音。相对而言，公司被收购是容易的，人被收购则谈何容易！

网络图形及数码艺术设计的艺术性在继承传统中也将不断提升和发展，而数码艺术区别于传统艺术形式的最大特点就在于其多媒体性、互动性、延续性和系统性。基于计算机及网络应用的数码艺术设计，其自身优势就在于其不仅限于屏幕显示上的二维图形。多媒体艺术表现除去声音模拟、嗅觉模拟、触觉模拟等媒体表现手段，仅在视觉传达上，已有的表现手法将被不断地深入和强化（如Java script、Gif动画向Flash、Shockwave动画的转变），新的表现手法不断产生（如基于VR技术的虚拟现实）。更重要的是，新媒体领域大的发展方向是随心所欲地从一种媒介转换到另一种媒介，人们体验到的将不仅是局限于视觉的感官世界。交互性是数码艺术设计发展潜力最大的一项优势特征，也将是未来网络图形发展和变革的主要前进方向。

图 7-6

图 7-7 挥挥手就可以控制荧幕资讯

图 7-8 数码传媒时代蚁民也有了大声说话的机会

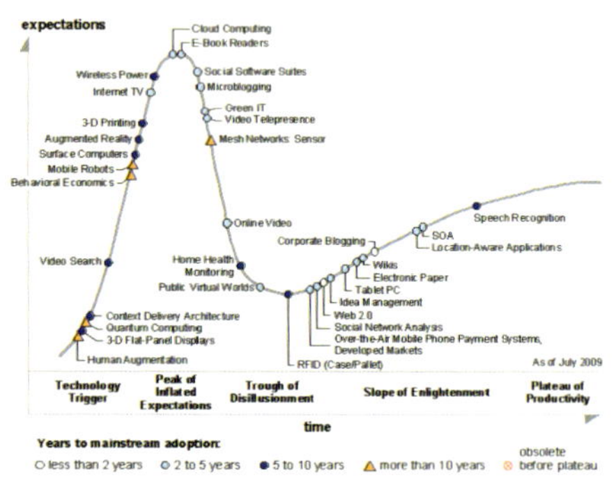

图 7-9 新媒体的实现与预测时间线

图 7-10

第二节　媒体发展展望

新媒体本质还是媒体。所以，实际应用的广度和深度如何对于新媒体而言，生死攸关。也正是这个缘故，国外的新媒体纷纷被收购，而国内的新媒体举步维艰。但是，必须注意到，新媒体还是有一定“新”特点的：

其一，受众更分散。信息传播的渠道在增多。从报纸到电视，现在又增加了电脑、手机、电梯间液晶显示屏等等。渠道数量的增加，配合受众时间的稀缺，使得受众更分散。整合，成了媒体人和广告人心中的核心内容和关键词。

其二，内容生产的变更。传统媒体的内容生产在组织手中，新媒体的内容生产部分向受众转移。但需要清醒地看到两个因素：受众生产内容貌似不够有序化（还是整合的概念），而另外一方面，内容生产成本在媒体中本来就不值一提。因为媒体经济学中有一个特性：边际成本的不断下降和边际收益的不断提高。内容制造向受众过渡，从成本角度来看，对商业行为的影响微不足道。新媒体经济学，就是整合经济学，就是渠道经济学。新媒体要对受众和内容这一对矛盾重新排列。从这个角度讲，我们需要重温麦克卢汉（Marshall McLuhan）的经典语录。

一、媒介即信息

经济越发展，媒体的作用也就越为凸显。著名的传媒意识形态专家麦克卢汉曾经把媒体进行了冷、热的区分，在他的分类框架里，杂志、电影等都属于冷媒体，而电视等则属于热媒体。冷、热媒体在内容安排上有着质的不同，因此这不同的媒体也就有着截然不同的运行规律。但是，尽管有这样或那样的不同，跨平台媒体的整合却是传媒界目前实实在在的一个趋势。这一方面源于规模运作的需要，另一方面也源于成本节约的需要。据相关统计，不同媒体平台如果真正能够实现采访资源及相关资源共享的话，整体运作成本会减少约30%，这应该说是一个非常诱人的数据。事实上，随着中国最终与世界经济体系接轨并越来越在世界经济体系中发挥重要的作用，传媒产业在中国突破或将会成为一种可能。

现代媒体的演变是与现代自然科学发展尤其是数字技术的发展突飞猛进的现状相辅相成的过程，没有现代网络和电子技术的革新，就难以有现代传播媒介方式的如此变化。技术促使媒介方式的改变在当代社会显得尤其明显和突出。

其实，传播技术促进传播媒介形式演变的历史源远流长，古代军事情报上的狼烟四起、飞鸽传书、快马传报等形式都是在当时情况下产生的信息传播方式。

二、媒体研究概况

进入20世纪90年代中期，互联网的规模快速扩张，成为全球最大的、最流行的计算机信息网络。它打破了传统的地缘政治、地缘经济、地缘文化的概念，形成了虚拟的以信息为主的

跨国界、跨文化、跨语言的全新空间。在这一背景下，国内外学术界立刻形成了对互联网的评介、研究的热潮，新闻传播学者亦对互联网在信息传播领域产生的变革性影响给予了充分关注。

按照美国传播学者的定义，一种媒体使用的人数达到全国人口的1/5，才能被称为大众传媒。在美国，达成5000万人使用的界限标准的大众传媒，广播用了38年，电视用了13年，有线电视用了10年，而互联网只用了5年。到1998年底，美国的网络用户已达6200万。因此，互联网作为继报刊、广播、电视之后的第四大传播媒体的概念被提出。从1995年起，中国国内的报刊社、广播电台、电视台纷纷在网上建立网站。在这一背景下，新闻传播学者开始将互联网研究的重点放在了其网络作用方面。

1. 国外的研究

国外不少代表性的相关著作在国内外形成很大影响，而且这些著作大多被翻译成中文。其中包括尼葛洛庞帝的《数字化生存》（胡泳等译，海南出版社，1996年12月出版）、比尔·盖茨的《未来之路》（辜正坤主译，北京大学出版社，1996年1月出版）、《未来时速：数字神经系统与商务新思维》（蒋显璟、姜明译，北京大学出版社，1999年4月出版）、埃瑟·戴森的《2.0版数字化时代的生活设计》（胡泳、范海燕译，海南出版社，1998年8月出版）、尼尔·巴雷特的《数字化犯罪》（郝海洋译，辽宁教育出版社，1998年出版）、唐·泰普斯科特的《数字化成长——网络世代的崛起》（陈晓开、袁世佩译，东北财经大学出版社，1999年3月出版）、查克·马丁的《数字化经济》（孟祥成译，中国建材工业出版社，1999年6月出版）等。

这些译著虽然并不能被看作是网络传播学的著作，只能说是相关著作，但是它们打开了国内各界人士的眼界，促使中国

图 7-11

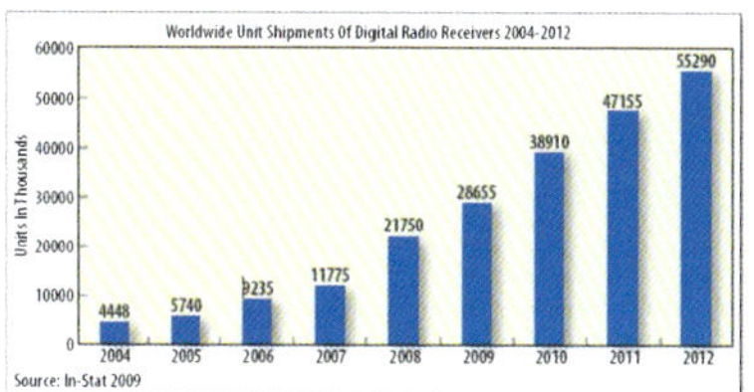

图 7-12

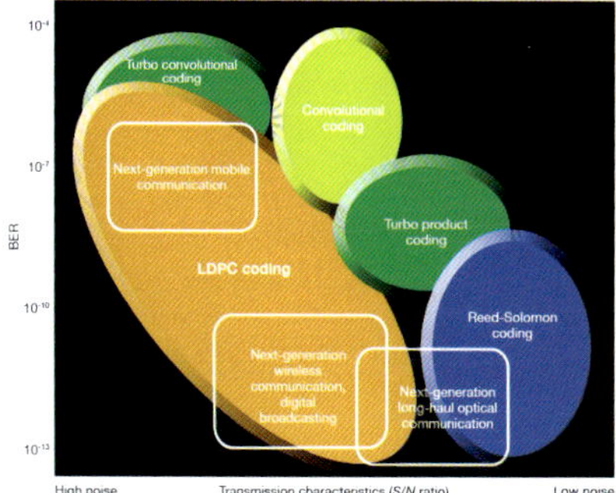

图 7-13

图 7-14

图 7-15

图 7-16

图 7-17

IGP's shared global network service allows cost effective distribution of streaming media and any file format through small receive antennas just about anywhere, in schools, businesses, hospitals,using a high density network.

World-wide transfer could not be simpler: through the internet - terrestrially or via satellite - users drop their files in a global distribution folder.

图 7-18

人关注正在来临的信息时代、网络时代、数字时代。其中《数字化生存》一书1998年被《新周刊》第53期评为“20年来最有影响的20本书”之一。

2. 国内著作

近年来，国内学者撰写了多种评介信息高速公路和互联网的专著。如胡泳、范海燕合著的《网络为王》（海南出版社，1997年1月出版），是国内第一部全面介绍互联网的诞生、发展、现状及未来趋势的著作。紧随其后出版的是罗伊撰写的《无网不胜》（兵器工业出版社，1997年9月出版）。郭良主编的《网络文化丛书》（中国人民大学出版社，1997年12月出版）由8位年轻学者执笔，共7本著作组成，力图用中国人的视角，从文化的角度考察网络。作为中国学者为网络时代立言的原创著作，继续推出的有萧琛撰写的《全球网络经济》（华夏出版社，1998年9月出版）、陈炎撰写的《Internet改变中国》（北京大学出版社，1999年1月出版）、严耕主编的《透视网络时代丛书》（北京出版社，1999年1月出版）、姜奇平主编的《数字论坛丛书》（海洋出版社，1999年6月出版）、刘吉与金吾伦合著的《千年警醒：信息化与知识经济》（社会科学文献出版社，1998年10月出版）、明安香的《信息高速公路与大众传播》（华夏出版社，1999年2月出版）等。

网络与新媒体传播的研究，已成为国内外新闻传播学者的一个新领域。近年来研究的广度和深度不断得到拓展，甚至连研究本身都与网络紧密结合，包括从网上获取资料、网上采访、网上调查等等。新闻传播学者和直接从事网络传播的传播者撰写的大量文章和论文，可分为以下方面：探讨网络传播对大众传播理论的影响，探讨网络传播与传统新闻传媒的关系，探讨新闻媒体网站的建设与经营，对国外网络传播法规的评介，对新闻从业人员使用网络状况的调查，硕士、博士学位论文。

三、现代媒体特征

当今的时代特征决定了媒体传播形式的多样性的根本要

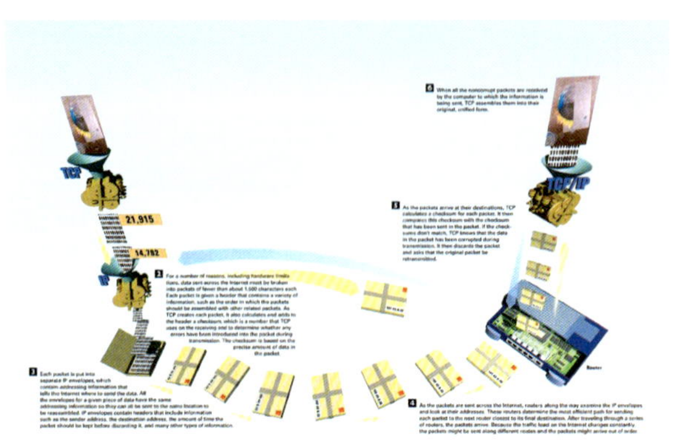

求。信息时代的时代语境和现代技术在现代社会的主导作用促成了现代社会快速、多变的特征。市场经济以需求为根本旨归的特质决定了新产品的层出不穷，这也为媒体形式提供了变化的基本要素。与传统媒体相比较，现代媒体的特征包括：

1．数字化的出现使得一切信息进行编码传播变得快捷和可能。二进制的方式使得数字编码的速度和技术的可操作性得以实现，这是信息传播的革命性的变化。

2．计算机技术的发展使得编码的可阅读性和速度要求得以实现。这是现代信息传播媒介形式得以迅速变化的核心技术要素和基本要素。

3．现代网络技术和电脑技术的日新月异使当代信息传播的媒介形式得以迅速变化。信息时代在电脑技术和网络传播的形式下，各种的技术因素的解决为媒介形式的变化提供了保障，媒体形式的迅速更新和变化的多样性得以呈现。

4．现代商业竞争是媒体形式得以变化的基本推动力。媒体形式变化的根本原因还是在于信息时代信息传播快捷、方便、高效、实用的需要。商业竞争瞄准这一根本需要，不断打破技术瓶颈并最终投入大众传播市场，从而实现最大利润，这促使了技术的迅速实用化和平民化。市场经济竞争的基本特点也促使商家不断进行技术革新，从而以更高的要求来引领和占有市场，这是媒体形式变化多端的根本推动力，在需求和产品之间取得了最佳结合点。

网络时代的到来，使得个人化的艺术表现、生活技能展现有了更为广阔的平台，而新世纪新的媒体与设计类型的涌现也具有了现实可能性。我们不可能准确地预言未来的数字化新媒体会以什么具体的样子出现，但可以肯定的是，新媒体的新发展的新的优势特征会不断出现、不断更新。在科技进步一日千里的时代，新媒体的发展将被推向新的高峰。

图 7-19　博客已成为个人信息发布与传播的平台

作业与要求：

写一篇有关数字化时代媒体的典型特征的研究性小论文。

作业时认真阅读本章的重难点，目的和要求，结合自身运用感受进行分析；作业范例形式多样，图文并茂，体现应用性、可操作性、前瞻性。

思考题：

1. 试预测未来媒体在设计和形式上的新思维。
2. 课堂小组讨论媒体发展的未来趋势，综合使用多种辅助表现手段。

图 7-21 新媒体也需要借助传统媒体进行推广

图 7-20

图 7-22 上海火车站兼具信息发布与广告推广功能的户外媒体电视

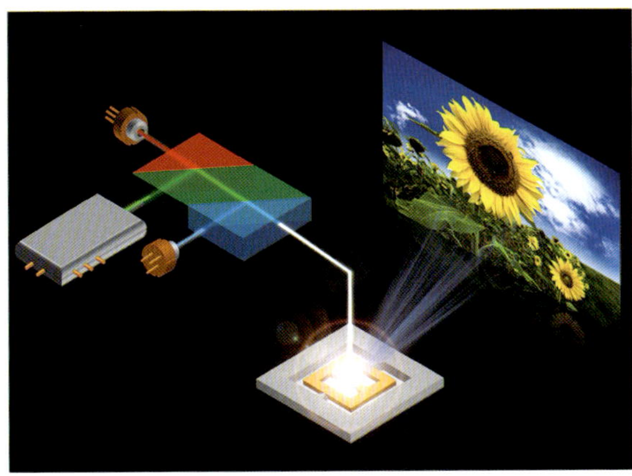

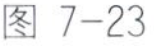

图 7-23

图 7-24

Conversation
use
traditional
broadcast
kinds
seen
line
content
communities
contributions
Community
show
Connectedness
everyone
voting
people
encourages
information
understood
following
share
sharing
barriers
feedback
resources
characteristics
effectively
Social
form
interests
audience
media
open
photography
frowned
communicate
issue
services
Opennes
interested
comments
political
allows
online
links
new
love
better
best
making
common
encourage
distributed
blurs
group
favurite
thrive
whereas
quickly
tv
sites
transmitted
two-way
Participation
rarely
accessing

结语：从模拟到数字

电脑出现之初以冯·诺依曼的计算机研究为主流——硅材料为基质，机箱为容器。20世纪末研制出的新型计算机，已有超导计算机、光子计算机、生物计算机等多种类型。

图形工作站曾经是专业创作人员的专利，而20世纪末的电脑普及，却基本上是以PC机为依托而发展起来的。如今的家用电脑实际上已经拥有了曾经超级计算机的性能，硬件的整体效能已大大改善。由于各种平台的开发、源程序的公开、演化计算等新方法的应用，原来相当繁难的软件正变得易用。

在过去的20世纪，媒体的发展经历着一次次的载体大迁移：从文本到胶片、磁带，又到磁盘、光盘。DVD取代VCD是必然，再被H-DVD、蓝光BLUE-RAY取代也是必然。

以起源于1969年9月2日的阿帕网（Arpanet）为开端，到2009年互联网已走过了40年的历史。在这期间，互联网得到长足发展，但同时也经历过低迷。就网络时代的媒体与传播而言，受众拥有前所未有的权力：人们不仅可以自由选取自己感兴趣的信息，而且可以在网上自由地发布信息。信息的重要与否，不再完全由传播者决定，而是可以由受众自己决定。尽管在许多场合下，例如知名的新闻类网站，对网络新闻仍然有编辑权，仍然有网络记者和网络编辑在充当“把关人”角色，但是由于受众享有极大的选择权和主动权，新闻传播者的地位受到削弱，权力在向受众倾斜。所有这一切都将使社会控制趋向弱化。

在网络传播中，受众可以对信息进行自由选择，包括选择信息内容和信息的接收形式以及接收时间和顺序。网上媒体采用多媒体技术发布信息，不仅发布关于该信息的文本，还能显示图像、声音，供受众自由选用。在信息的编排上，网上媒体除少数重大新闻事件采取同步传播外，对大多数信息采取异步传播，将各种信息散布在网上，并随时更新，让受者去“点播”，使受者可以随时在网上按自己喜爱的顺序浏览或下载新闻信息。在网络传播中，有条件的受众可以直接参与到信息的生产和传播过程中去，成为名副其实的传者。在网络传播中，受众与新闻传播者可以在一定程度上进行直接的双向交流。

“预测未来的最好办法就是把它创造出来”。文化的交融性和多元化特征使得媒体形式的变化具备了更多的可变因素。国与国之间的开放，文化交流的跨国界和限制的减少，贸易的多变特征，使得我们的世界变成了地球村，地球上各国家之间各种文化的交流不再像也不可能像以前那样封闭和保守，开放和交融成了新媒体发展的必然。

WWW

SURF
THE NET!

参考文献

[1]董璐. 传播学核心理论与概念[M]. 北京：北京大学出版社，2008.

[2]李四达. 数字媒体艺术概论[M]. 北京：清华大学出版社，2006.

[3]李四达. 数字媒体艺术史[M]. 北京：清华大学出版社，2008.

[4]陈汗青，吕杰锋. 数码设计艺术[M]. 北京：人民美术出版社，2004.

[5]匡文波. 网络媒体概论[M]. 北京：清华大学出版社，2001.

[6]罗兰・巴尔特. 开符号学原理[M]. 上海：三联书店，1988.

[7]罗兰・巴尔特. 开符号帝国[M]. 孙乃修译. 北京：商务印书馆，1996.

[8]阿尔文・托夫勒. 第三次浪潮[M]. 黄明坚译. 北京：中信出版社，2006.

[9]尼葛洛庞帝. 数字化生存[M]. 胡泳等译. 海口：海南出版社，1997.

[10]鲁道夫・阿恩海姆. 视觉思维——审美直觉心理学[M]. 腾守尧译. 成都：四川人民出版社，1998. 成都：四川人民出版社，1998.

[11]苏珊・朗格. 情感与形式[M]. 刘大基等译. 北京：中国社会科学出版社，1986.

[12]保罗・莱斯特. 视觉传播：形象载动信息[M]. 霍文利，史雪云，王海茹译. 北京：北京广播学院出版社，2003.

[13]保罗・利文森. 软边缘：信息革命的历史与未来[M]. 熊澄宇等译. 北京：清华大学出版社，2002.